그해 여름 사랑의 온도

정기성 시집

시음사
시사랑음악사랑

시인의 말

젊은 날, 글쓰기에서 받은 상처로 먼 길을 돌아왔다. 바람의 발길처럼 자유로운 날, 다시 글을 쓰겠다고 다짐한 지 30여 년이 흘렀다. 그동안 많은 것들을 잃은 채 살아왔다. 시를 살찌우는 가슴은 말라 버렸고, 사물의 속살을 바라보는 눈도 물기가 말라갔다. 그러면서도 글에 대한 막연한 미련을 버리지 못했다. 그것은 힘들거나 그리운 날 밤하늘의 별을 바라보면서 나를 달래는 힘이었다.

대한문학세계를 만난 이후, 뒤늦은 홍역으로 밤마다 뒤척임이 시작되었다. 메마른 눈꺼풀에 물기가 돌고 가슴에는 새살이 돋기 시작했다. 무엇보다도 시 한 편을 낳을 때마다 그동안 뒤엉킨 마음이 점점 가벼워졌다.

그간에 혼자서만 몰래 꺼내보던 시들을 모아 시집을 내기로 했다. 자랑질이 아닌 내 남은 삶에 확실한 이정표를 세우기 위함이다.

돌아보니 참으로 고마운 사람이 많다. 그동안 묵묵히 나를 응원해 주었던 가족들이 먼저 떠오른다. 그리고 남몰래 사랑하고 그리워했던 사람들, 나와 이모저모로 얽히고설키며 세월을 헤쳐온 사람들, 어느 하나 버릴 데 없이 소중한 이들이다.

하나만 더 언급해야겠다. 부모님이 물려준 기독교 신앙은 내 삶을 지탱하는 큰 힘이었다. 가르침처럼 살지 못해 부끄럽지만 그 속에서 늘 자유로움을 꿈꾼다.

오늘은 누더기 각설이옷을 입고 한바탕 신명나게 품바타령을 풀어헤쳐야겠다. 그리움만큼이나 깊고 마음껏 행복하기에 좋은 날이다.

2025년 10월
시인 정기성

- 목차

사랑아, 눈물아 ················· 8
상사화 ·························· 10
돌아갈 수 없는 사랑 ·········· 12
꽃눈 ····························· 13
허수아비 ························ 14
사랑의 거리 ···················· 16
무정란 사랑 ···················· 17
강물에 싣는 그리움 ············ 18
정거장에서 ····················· 19
가을 편지 ······················· 20
노을빛 사랑 ···················· 21
바람개비 사랑 ·················· 22
박하향이 나는 사람 ············ 23
그해 여름, 사랑의 온도 ······· 24
그대를 보며 피어 ··············· 25
빗물을 걷어내며 ··············· 26
사랑, 참 아프다 ················ 27
풍경 -술래잡기 술래 ·········· 28
풍경 -술래잡기 숨는 자 ······ 29
열대야 ·························· 30
종이비행기 ····················· 31

너의 잠든 밤을 깨울 수만 있다면 · 32
사랑은 꿈이었나 ··············· 33
안녕하신지요 ··················· 34
그리운 사람아, 우리 소풍을 떠나자 · 35
봄비로 오는 당신 ··············· 36
햇살 고운 날에 ················· 37
존재의 반은 그림자다 ·········· 38
당신의 사막 ···················· 39
끊어진 기타줄 ·················· 40
사랑은 뒷모습을 먹고 자란다 · 41
이별 후에 시집 읽는 밤 ········ 42
겨울을 떠도는 바람 ············ 43
사랑의 곡예 ···················· 44
팬지꽃 심는 밤 ················· 45
그리움 ·························· 46
눈 위에 쓰는 편지 ·············· 47
슬픈 사랑 ······················· 48
그리움1 ························· 49
이런 사람이 좋다 ··············· 50
당신의 사랑 계산법 ············ 51
슬픔의 유통기한 ··············· 52

- 목차

커피 한잔 할래요? 53	중년이라는 이름은 74
당신에게 보내는 편지 54	춘사(春詞) 75
내 마음의 우체통 55	옹관 -영혼의 길 76
기억의 나무 56	풍경 -빈집 78
흐르지 않는 강 57	풍경 -신발 한 짝 79
그루터기 58	돌아온 말은 낯설다 80
나이테 59	분리수거장에서 82
거미 나라 세계지도 60	흑석산 휴양림에서 83
동백꽃 지다 61	육신의 체온계 84
접목 -갈아타기 62	가을비 85
계요등(鷄尿藤) -낮은 자의 지혜 63	불꽃놀이를 꿈꾸며 86
겨울 정원에서 64	팔당호의 물안개 87
봄이 오는 소리 65	난제(難題) 88
집착 66	홀로서기 89
꽃 파는 여인 67	화장지 예찬 90
풍경 -비 오는 날 68	삶의 훈장 91
대목의 슬픈 운명 69	잔향 속에서 92
별이 된 아이들 70	이름 모를 작은 꽃 94
봄비 오는 소리 71	풍경 -봄비 속에서 95
소금산에서 72	허탕 96
아따, 이 사람아 73	이름 없는 역 97

그럭저럭 살았다고 말하지 말라·98
가을 강······99
연꽃이 피기까지······100
다시 쓰는 민주주의······102
엄마별 아들별······103
새날······104
사랑 하나면 충분하리······106
지게······108
엄마 찾아가는 길······110
엄마꽃······111
어머니와 베틀······112
봄비······113
만남의 봄······114
불효의 꽃······116
간극······117
땅에 내린 하늘······118
할미꽃 사연······120
앞산······122
동백1······124
솔빛식물원에서······125
일로장터에서······126

회산백련지 사랑······127
일로의 가을······128
일로장터······129
청호나루 상사바위······130
일로역에서······131
비 내리는 일로역······132
일로 부르스······133
회산백련지에서······134
품바를 꿈꾸며······135
여보게, 이 옷을 입고 가시게나··136
신품바시대······138
각설이가 되다······139
각설이 인생······140
각설이 사랑······141
겨울 햇살······142
사고 불감증······143

 **QR코드** 스마트폰으로 QR 코드를 스캔하면
시낭송을 감상할 수 있습니다

제목 : 상사화
시낭송 : 박영애

제목 : 돌아갈 수 없는 사랑
시낭송 : 박영애

제목 : 정거장에서
시낭송 : 박영애

제목 : 바람개비 사랑
시낭송 : 박영애

제목 : 사랑, 참 아프다
시낭송 : 박영애

제목 : 너의 잠든 밤을
       깨울 수만 있다면
시낭송 : 박영애

제목 : 사랑은 뒷모습을
       먹고 자란다
시낭송 : 박영애

제목 : 눈 위에 쓰는 편지
시낭송 : 박영애

제목 : 기억의 나무
시낭송 : 박영애

제목 : 흐르지 않는 강
시낭송 : 박영애

제목 : 그루터기
시낭송 : 박영애

제목 : 거미 나라 세계지도
시낭송 : 장화순

제목 : 접목 - 갈아타기
시낭송 : 박영애

제목 : 겨울 정원에서
시낭송 : 박영애

제목 : 소금산에서
시낭송 : 박영애

 제목 : 춘사(春詞)
시낭송 : 박영애

 제목 : 분리수거장에서
시낭송 : 박영애

 제목 : 엄마별 아들별
시낭송 : 박영애

 제목 : 사랑 하나면
　　　　　충분하리
시낭송 : 박영애

 제목 : 엄마 찾아가는 길
시낭송 : 박영애

 제목 : 엄마꽃
시낭송 : 박영애

 제목 : 땅에 내리는 하늘
시낭송 : 장화순

 제목 : 일로장터에서
시낭송 : 박남숙

 제목 : 일로의 가을
시낭송 : 장화순

 제목 : 일로장터
시낭송 : 박영애

영상은 YouTube 정책 또는 운영 관리에 따라 삭제될 수도 있습니다.

시인은 자연을 이야기하고 시낭송가는 자연을 품었다
글자는 날개를 달아 언어로 날고 소리는 자연에 눕는다

사랑아, 눈물아

내 안에 당신 별 하나 떴었지
은하수 따라 흐르던 눈부신 시간들
예고 없이 찾아온 검은 태풍이
내 모든 궤도를 흔들어 놓았네
심장에 박힌 유리 조각이 되어
숨 쉴 때마다 흩어지는 파편들
고요하던 세상은 당신 떠난 뒤
핏빛의 고통으로 나를 가뒀네

사랑이라는 이름의 계절아
눈물이라는 마르지 않는 강아
내 가슴은 쓰디쓴 소금꽃 피고
설움은 젖은 날개처럼 무거워
갈 길을 잃고 서성이네
어둠 속 솟대처럼 서 있는 그리움만
나를 부르네, 나를 부르네
사랑아 내 사랑아, 슬픔의 눈물아

낡은 필름처럼 돌아가는 추억 속
당신의 웃음은 바래지 않는데
나는 멈춰버린 시계의 태엽처럼
같은 자리만 빙빙 돌고 있네
발밑에 굴러다니는 약속의 돌멩이들
닳고 닳아 처음 모습 잃었어도
그대의 온기는 희미하게 남아서
추억의 바람개비를 돌리네

주소 지운 편지처럼 보낼 수 없는
가슴에만 품고 사는 아픈 사연
가슴에 핀 붉은 상사화처럼
혼자서 피었다 혼자서 지네
사랑이라는 이름의 계절아
눈물이라는 마르지 않는 강아

상사화

봄비 스치던 날
그대 웃음꽃 피었네
내 마음 잎새는 푸르게 돋았건만
계절 몇 번 바뀌어 꽃잎 질 무렵
내 그리움 잎새 홀로 지네
어찌하여 하늘은 우리에게
꽃과 잎 같은 운명 주었나
서로 다른 시간 속에 피고 지는
애달픈 그림자여

옛 절터 스미는 저녁노을 아래
동자승의 염불 소리 사무치네
그를 따르던 여인네 깊은 눈물 자국
그 자리에서 피어난 이 꽃잎
생전에 못다 한 간절한 사모함이
이리 슬픈 붉은 빛으로 물들었나
꽃과 잎, 서로를 애태우며
천년을 기약하는가

가슴에 심은 상사화 씨앗
눈물로 키워낸 핏빛 그리움
그대 꽃 피울 때 나는 잎사귀
내 잎 돋을 때 그대 꽃 시드니
닿을 수 없는 곳에 피어
한으로 물든 상사화야
보고 싶다 백 번을 불러도
바람만 소리 없이 돌아오네

세월의 더께 쌓여 길은 흐릿해도
그대 모습은 지워지지 않네
이 생의 끈 놓아 다음 생 오면
그때는 부디 함께 피어나리

제목 : 상사화
시낭송 : 박영애
스마트폰으로 QR 코드를 스캔하면
시낭송을 감상할 수 있습니다

돌아갈 수 없는 사랑

노을 진 들녘을 홀로 걸으면
바람 끝에 당신이 묻어나네
발끝에 스미는 지난날들이
저물녘 햇살처럼 물들어 오네

손을 뻗으면 닿을 듯한데
당신은 강물 건너 저 멀리
흐르는 구름 따라 멀어져 가네
나는 아직도 그 자리에 머무는데

밀려오는 어둠이 세상을 지워도
당신의 그림자는 지워지질 않고
밤하늘 빛나는 초롱별처럼
더욱 또렷하게 다가오네

돌아갈 수 없는 사랑아
다시는 만날 수 없는 사람아
손을 흔들어 보내야 하는데
나는 아직도 못 보내고 서성이네

들녘을 스쳐 부는 바람이
아직 못다 한 말을 전해 줄까
정말로 당신을 사랑했다고
당신을 사랑했기에 행복했다고

저물어 가는 노을 그림자 속에
당신 웃음 한 조각 머물다 가네
언젠가 그대 마음에 길이 열리면
꿈속에서 한 번쯤 피어나기를

제목 : 돌아갈 수 없는 사랑
시낭송 : 박영애
스마트폰으로 QR 코드를 스캔하면
시낭송을 감상할 수 있습니다

꽃눈

당신이 오시네
꽃눈이 되어 오시네
스쳐 흐른 지난 세월 송이송이 사연을 담아
앞산 뒷산 온 세상을 하얗게 덮어 가네

사랑은 가슴 설레는 무지개색이 아니고
사랑은 피멍 든 동백꽃색도 아니고
깊은 강 물결을 지우는 안개빛과 같아서
홀로 가다 보면 서툴러 마음 상하기 쉽고
길 잃은 사랑은 산울림과 같아서
다가갈 방향을 잃어버리는 안개빛 늪

당신이 고이도 덮네
뒤틀린 지난날을 지우네
안개 같은 사랑길 다시 한번 찾아가자고
당신이 오시네
하얀 꽃눈이 되어 오시네

허수아비

계절에 묶여
허공을 떠도는 형상 하나

참새 한 마리
허수아비 손등에 내려앉는다
'날 잡아 봐라'
묶인 팔 접힌 채
오른쪽 왼쪽
깃털이 허공을 베며
유희는 점점 가벼워진다

허공은 무게를 잃고
웃음은 풀린 실밥처럼
바람에 흩어진다
허수아비는
한 방향만 바라보다
안으로 무너진다

바람은 눅은 짚단을 스치고
기억은 부재의 얼굴을 오가다
지워진 이름의 잔상처럼 쌓인다
묶인 자는 스스로를 허문다
빈 껍데기가 되어 그 자리에 남는다

사랑도 그러하다
묶인 채 바라보는 사랑은
닿지 못하는 허공 위에
숨죽인 불씨 하나
잠시 빛나다 사그라진다

계절이
빈 껍데기로 남아 서로를 지운다
자리를 지킨다는 것은
사라지는 방식의 다른 이름이다

사랑의 거리

한 걸음 다가가면 만날 수 있는 거리인데
손 내밀면 당신은 두 걸음 멀어져 가네
모습만 가득히 눈동자에 담아 놓고
돌아선 뒷모습이 안개처럼 아련하다

사랑의 거리는 곡예사의 줄타기
떨어질 듯 휘청이다 용케도 자리잡고
안도감에 마음 놓으면 바람에 흔들리는
사랑은 거짓쟁이 아슬아슬한 줄타기

사랑의 거리는 사막의 오아시스
눈앞에 어른거리다 다가서면 멀어지고
허기에 쓰러지면 눈앞에서 유혹하는
사랑은 거짓쟁이 가물가물한 오아시스

사랑하면 멀어지고 미워하면 다가오는
잡힐 듯 다가오다 손 밀치고 멀어지는
그리움이 깊을수록 바람처럼 흔적 없는
사랑은 거짓쟁이 사랑은 요술쟁이

당신과 나의 끝나지 않는 숨바꼭질
당신을 잡지 못하는 영원한 술래 되어
내 손에 움켜쥘 수 없는 사랑의 거리

무정란 사랑

한 계절을 품어도
새벽은 울지 않았다
침묵하는 너는
태초부터 봉인된 결핍의 서사였다

깨어나지 않는 네 그림자를 품은 내 체온은
허상만을 빚어냈다
견고한 침묵의 껍질은 단지
내 안의 체온에 지나지 않았다

덧없이 쌓이는 시간의 켜마다
허물어지지 않는 허상이
둥지를 틀고
숨죽여 기다리던 인연의 태동은
끝내 태어나지 않을 꿈이었다

이 한 계절에 나는
태어나지 않는 이름을 품고
허공의 온도를 데웠고
너는
부화할 줄 모르는 무정란이었다

강물에 싣는 그리움

저물녘 강물에 노을이 지면
바람에 실려 오는 그대 목소리
갈대숲 사이로 스며드는 그리움

달빛은 말없이 강물을 어루만지고
별빛은 추억을 쏟아내는데
그대 그림자 어른거리는 물결은
손을 내밀어도 닿지 못하네

영산강아 너는 아는가
그 사람 지금 머무는 곳을
달빛으로 물들인 그리움의 사연을
강물에 실어 전해다오

눈물은 강물에 섞여 함께 흐르고
모습은 안개 속에 멀어지지만
그대 머물던 강가 언덕에
내 마음 아직도 서성이고 있네

영산강아 너는 아는가
물결에 그리움 실어
추억은 제자리 맴도는 바람인 것을
그리움은 지울 수 없는 흔적인 것을

오늘도 강물은 말없이 흐르고
그대 흔적 따라 나도 흐르네

정거장에서

이제 마지막 열차를 타고 떠나야 할 사람들은
어둠이 빚어낸 사연을 따라 모습을 지웁니다
하루를 삼킨 텅 빈 대합실은
숨죽이는 가로등을 따라 무너져 내리는 형체들 사이사이로
퉁퉁 불어 터진 별들이 연달아 내립니다

마침내 세상이 지워지고
이제는 떠나지 못한 한 사람이 소각될 시간입니다
시커먼 화염이 일으키는 맹렬한 공포 속에서
또 한 사람이 분자의 옷을 입고
어둠이 앗아간 거울 속에서 빚어집니다
홀로 남은 사내 앞에서
뒤늦게 달려온 머리채 긴 여인이 서성입니다

그리고 시간이 흘러
이제 함께 춤을 소비할 시간입니다
신나는 탱고 가락에
간드러지는 트롯트 가락에
무너져 내리는 부르스 가락에
사내가 이끄는 리듬에 맞춰 호흡을 맡길 시간입니다

떠나지 못하는 사내와
떠났어도 늘 돌아와야 하는 여인은
늘 첫 열차의 첫손님입니다

제목 : 정거장에서
시낭송 : 박영애
스마트폰으로 QR 코드를 스캔하면
시낭송을 감상할 수 있습니다

가을 편지

봄날 틔운 여린 사랑이
속살로 내리기도 전에
봄꽃 향기는 입술 가장자리에만 머물다가
잔바람에 흩어졌습니다

허기진 장맛비에 휩쓸려 다니다가
여름 햇살에 눌린 채
가슴 무너진 긴 세월을
그림자로 누워 지냈습니다

가지마다 저무는 침묵 속에서
가을빛으로 물들어 가는
그리움의 무게를 견디다 못해
부스스 일어나
당신에게 가을 편지를 씁니다

숨겨온 긴 이야기
오래 눅눅하게 젖은 사연들을
가을 햇살 고운 멍석에 펼칩니다
그리고
다시 추위에 움츠리기 전에
서둘러 당신에게
가을 편지를 보냅니다

가을빛 그리움의 무게를 안고
살아가고 있습니다

노을빛 사랑

그대의 말은
허공의 기압처럼 나를 밀었다
붉게 번지던 마음은
사랑이 아니라 그저 기류였다

한때는 서로를 마주했다고 믿었지만
우리는 기울어진 하늘에
자기 그림자를 비추고 있었다

온기라 믿은 건
잔광의 반사였다
눈부신 쪽으로
얼굴을 돌렸던 나였다

정오가 등을 돌린 경사면
사랑은
눈금을 지우고 간 기울기였다
가장 뜨거웠던 순간은
이미 무너지고 있던 경사였다

감각을 잃은 하늘의 뒤켠
그날의 노을은
어떤 마음도 물들이지 않았다
다만
사랑이라는 맹목이 기울이며
저녁은 붉게 사라지고 있었다

그것은
오래전부터 예견된 적막이었다
빛이 없는 자리에서만 자랐던
사랑의 그림자였다

바람개비 사랑

골목 끝 작은 언덕 위에
내 마음 꽂은 바람개비 하나
네가 올까 기다리는 날들
돌고 돌아 내 사랑만 맴돌아

바람 따라 너를 따라
돌고 도는 바람개비 사랑
잡힐 듯이 멀어지는 너
가슴만 적시는 그리움의 노래
잊지 못해 바람개비 사랑

하루 또 하루가 지나가도
내 마음은 늘 그 자리에 있죠
웃는 모습 한 번만이라도
바람처럼 다시 내게 와 줘요

바람 따라 너를 따라
돌고 도는 바람개비 사랑
가버린 널 탓하지 않아
떠난 그대가 그리울 뿐이죠
돌아와요 바람개비 사랑

그대 이름 바람에 실어
저녁노을 끝에 띄워 보내면
지워진 줄 알았던 마음
달빛에 젖어 다시 피어나네

제목 : 바람개비 사랑
시낭송 : 박영애
스마트폰으로 QR 코드를 스캔하면
시낭송을 감상할 수 있습니다

박하향이 나는 사람

스쳐만 지나도
박하향이 나는 사람이 있다
그 상쾌한 개운함에 매몰되어
발걸음을 멈추고 한참을 킁킁거린다

유독 박하 향내만 맡으면
쏴아 찬물을 뒤집어쓴 듯이
정수리 뼛속까지 청량감이 배어드는 것은
누구나 하나씩은 짊어지고 사는
유년 시절 유물의 무게감 때문이리라

눈을 피해서 스며든
동구 밖 야트막한 산골짜기에서
흐르는 골물을 손바닥에 건져 내어
박하잎 두어 장을 띄워 마시며
답답하고 숨 막히는 가난을 털어내던 그 후련함이
박제된 유물에서 해동되어
스멀스멀 기어 나오기 때문이리라

첫사랑 소녀의 나풀거리는 머리채를
코끝으로 기억하는 것도
땟국 절은 손등이 스치면
쇠똥 냄새로 더럽혀질 것 같은
전신을 마비시키던 박하향이었다

오늘 아침에 발등에 치어 흩어지는
반가운 추억의 박하향을 코끝에 주워 담으며
한평생을 잊고 살아온 그림자를
짙은 박하 냄새로 거느릴
유물이 된 사람들을 떠올려 본다

그해 여름, 사랑의 온도

그해 여름
태양이 지구를 급습했다
연일 뉴스는 열사병을 경고하고
사람들은 서로의 체온을 비꼈다
스치기만 해도
불씨가 옮겨붙는다고 했다

그해 여름, 우리는
역설의 계절 속으로 걸어 들어갔다
잠시만 서로를 비워도
몸속까지 한기가 스며들었다
서로에게 기댄 채
체온을 나누지 않으면
얼어붙은 눈사람이 되었다
당신의 온기가 나를 살렸다

뉴스는 기온을 숫자로 전했지만
사랑은 섭씨로 측정되지 않았다
뜨거운 숨결과 눈빛의 간절함이
그해 여름
우리의 온도였다

그대가 비워낸 이 여름날
혹독한 추위 속에서 헐떡인다
그해 여름, 우리는
몇 도의 사랑을 살고 있었을까

그대를 보며 피어

그대는
보이지 않아도 피어나는
내면이 밀어 올린 정갈한 꽃

그 당당한 아름다움에
처음으로
나를 향한 눈길을 배웁니다

스며드는 햇살 하나에도
감사로 피어나는 기쁨
바람이 한바탕 스쳐 지나도
흔들리지 않는 행복을 배웁니다

이제
바라보는 이의 눈길 없이도
스스로 행복의 향내를 발하는
마음의 꽃을 피워 봅니다

그대가 보여준
존재 그대로의 꽃밭 속에서
나도 피어
행복을 닮아 갑니다

빗물을 걷어내며

당신이 갇힌
젖은 길 끝에서
한 겹 한 겹
더께 진 빗물을 걷어낸다

물고기 비늘처럼 흩어지는
사연 하나하나를
식은 빗물에 씻어 지우며
투명한 언어를 준비한다

이별은 누구의 잘못이 아니라
닿지 못한 손끝의 떨림이었고
미처 배우지 못한
사랑의 방식이었다

젖은 어깨 위에
조용히 머무는 빗방울 하나
또르르 시어에 씻겨 내린다

사랑, 참 아프다

지나온 세월만큼 낡은 낯선 장벽을 무너뜨리고
촘촘히 얽매인 현실의 창살을 헤집고
기억의 저편 아련하게 흐느적거리던 그리움이
가슴에 집 지은 색바랜 사진 한 장에 무너져 내린다

수없이 불러내도 익숙하지 않은 얼굴이
서러운 추억의 색감을 입고 꽃잎이 되어
끝날 것 같지 않은 긴 어둠에 실려
한 잎 한 잎 내린다

수 세월을 여전히 마주 선 채
좁혀지지 않는 간격을 허상으로 타고 넘는
사랑이 참 아프다

애써 외면하며 살아도
억지스럽게 새 물감으로 덧칠을 해대도
때마다 딱지된 상처를 고름으로 쏟아내야 하는
사랑, 참 아프다

제목 : 사랑, 참 아프다
시낭송 : 박영애
스마트폰으로 QR 코드를 스캔하면
시낭송을 감상할 수 있습니다

풍경 -술래잡기 술래

처음부터 끝까지
나는 술래였다
달아나는 것은 네가 아니라 나였다

잡으려 손을 뻗을 때마다
내 그림자만 더 길어졌다
너와의 거리가 좁혀질수록
나는 미로 속으로
더 깊이 숨어들었다

눈 가린 어둠 속 헛걸음마다
너는 텅 빈 벽을 덥히는 햇살처럼
애써 외면하며
늘 제자리에 있었다

붙잡는다는 것은 어쩌면
스스로를 가두는 일
잃을까 두려워
네 이름보다 먼저
발끝부터 멀어진다

햇살이 혼자 놀다가 떠난 황혼에
골목은 비어 있고
어둠 속에 혼자 남은 술래는
제 발자국 소리 따라
돌아오지 않는 대답을 줍는다

풍경 -술래잡기 숨는 자

붙잡힐까 두려워
늘 한발 앞서
너의 눈길이 아닌
그림자에 숨어 다녔다

나는 울창한 나무가 되고
바람처럼 스치며
너의 손끝에 닿기 직전
다시 흩어졌다

잡히지 않는 것이 아니라
들키고 싶지 않았을 뿐
사랑은 언젠가 끝나는 것이라 믿었기에
시작도 숨겨야 했다

너는 늘 같은 자리에서
나를 불렀고
나는 너의 부름을 외면하며
발자국 소리만 기억했다

햇살이 내 이름을 부를 즈음
나는 이미 다른 그림자였다
너의 손길이 멈춘 그 골목에서
나는 이미 너에게 남아 있었다

열대야

연일 열대야라고
혹서기 온열질환에 주의하라고
밤낮 가리지 않고
무례하게 밀고 들어오는 핸드폰 문자
허락 없이 날아와서
저절로 사라지지 않고
확인을 눌러대야
스르르 위협을 거둔다

참 고집이 곱다
확인이란 억지스런 손끝을 맛보아야만
모습을 지운다

열두 달
그리움의 열대야를 안고 사는 나는
언제나
확인을 안고, 기쁨으로
그대 마음에 사르르 스며들까

그대, 확인 누르지 않아도
이 열대야는
나의 숨결
사그라지지 않는 불꽃으로
그리움을 감싼다

나는 아직도
그대의 손끝을
기다리는
발화되지 않은
하나의 메시지

종이비행기

고독한 종이 한 장
접고 접어 허공에 부친다
예정된 항로 없으니
바람의 손길에 스스로 맡길 뿐
닿을 곳 정해지지 않았다

낯선 도시의 낙엽처럼
구겨진 바람을 따라
이름 없이 떠도는 시간 속에서
예측 벗어난 항로를 비행한다

너의 숨결이
기류를 버틸 수만 있다면
진동을 견딜 수만 있다면
예정된 착륙지가 없어도
추락의 두려움은 희미해지리

얇은 종이 날개에
사랑의 무게가 더해질수록
흔들림은 잦아들고
미지의 끝을 알 수 없다 해도
함께 날아온 궤적이 나침반 되어
길 잃은 비행에도
단단한 기적이 된다

비행은 목적지가 중요한 것이 아니라
무동력의 지탱 속에서
함께 날아온 시간의 밀도가
낯선 바람을 다스리는
힘의 원동력임을 증명한다

너의 잠든 밤을 깨울 수만 있다면

사랑하는 사람아
오늘도 너는 잠든 눈을 뜰 줄 모른다
형상을 지운 허름한 어둠 속에서
그저 멈춰 선 지가 오래다

무거운 세월의 짐을 떠맡긴 채
너는 빈 지게의 가벼움으로
늘 그 자리에 머물러
텅 빈 공간의 한구석을 메울 뿐이다

하루는
나누지 않으면 흔적을 지우는
시시콜콜한 잔 이야기도 많고
사소한 눈빛으로 흐느적거리다가
창문을 흔드는 바람 소리에 실려
빈 발자국만 남기고 떠나는 설익은 그리움도 지천인데

사랑하는 사람아
밤새워 몸부림치는 그리움의 섬광으로
너의 잠든 밤을 깨울 수만 있다면
설령
우리의 인연이 낡아 삵은 밧줄에 묶였을지라도
심봉사의 비명소리 그립다

제목 : 너의 잠든 밤을
　　　 깨울 수만 있다면
시낭송 : 박영애
스마트폰으로 QR 코드를 스캔하면
시낭송을 감상할 수 있습니다

사랑은 꿈이었나

꿈결에 실려 오는 그대의 목소리
내 마음 깊은 곳에서 여전히 사는데
꽃처럼 곱던 우리 사랑은
이제는 그리움 되어 허공을 떠도네

사랑은 꿈이었나 별이었나
우리가 수놓던 세상에서 멀어지네
흐르는 눈물 속에 미련이 많아
아련한 추억을 맴도는 강물에 띄우네
이제는 놓아야 하나, 그리운 사랑아

그대의 뒷모습은 아련히 멀어져 가고
나는 길 잃은 나비 되어 하염없이 떠도네
그대의 미소, 그 따스한 기억
꽃잎 되어 바람에 날리네

사랑은 꿈이었나, 별이었나
꿈꾸며 그렸던 세상은 빈 바람만 스치고
황량한 들판에 나 홀로 서 있네
이제는 놓아야 하나, 그리운 사랑아

사랑은 꿈이었나, 별이었나
우리가 수놓던 세상엔 그대가 없어
덩그러이 남은 애타는 그리움의 미련을
이제는 놓아야 하나, 그리운 사랑아

사랑은 꿈이었나, 별이었나

안녕하신지요

안녕하신지요
하루하루 살아가는 것이 만만치 않아서
오랫동안 인사마저 여쭙지 못했네요
세월이란 것이 요술 방망이 같아서
당신으로 가득 찬 우주공간을
살 듯 죽을 듯 발버둥을 쳐댔는데
얽힌 사랑 타래를 긴 울음으로 토해 낸 그날 이후로
손바닥만 한 세상에 갇혀
기억마저 혼미해져 줄곧 잊고 살아왔네요

한 눈은 감고 외눈을 떠서 먼 산을 향하던
내 것이 아닌 당신을 억지로 마음에 묶어 놓고
숨 쉴 틈도 주지 않고 몰아세웠으니
억지스러움에 참으로 힘들만도 했겠네요
미안해요

세월의 한 자락에 바둥바둥 매달리니
풀릴 것 같지 않던 꽁꽁 언 얼음도
시냇물이 되어 세상 따라 흐르네요
이제야 겨우 안부를 전합니다
잊고 살아온 세월 동안에
안녕하셨는지요

그리운 사람아, 우리 소풍을 떠나자

그리운 사람아, 우리 소풍을 떠나자
수평선이 얼굴을 가리지 않는 탁 트인 곳
당신 가슴에 응어리진 서운함과
내 머릿속에서 맴도는 미련이
우수수 부서져 내려 깊숙이 파묻힐
긴 모래밭이었으면 더욱 좋겠다

뒤따르는 이들의 발길에 차여
머리를 불쑥 들었다가도 이내 휩쓸려
먼바다에 영영 떠나보낼
세찬 파도가 넘실대는 그곳으로 떠나자

그리운 사람아, 우리 소풍을 떠나자
긴 날개를 활짝 펴고 마주 날아도 부딪치지 않고
닮은 목소리로 같은 방향을 향해 나는 갈매기처럼
함께 공간을 열어나가는 날갯짓을 배우자

썰물에 벌거벗은 모습이 고스란히 드러나도
밀물에 까마득히 제 모습을 지워도
변함없이 바다라는 이름으로만 기억되는 그곳으로
그리운 사람아, 우리 소풍을 떠나자

봄비로 오는 당신

그리움이 빗방울 되어
내 창가에 고요히 머무네
잔바람에 실려 오는 그대 목소리
속삭이듯 내 맘을 적시네

봄비로 오는 당신
물빛 바람 되어 숨결을 어루만지네
젖은 그리움에 가슴을 묻고
추억 속에 피어나는 그대

나뭇잎에 스며든 빗물처럼
그대 흔적 내 안에 머물러
여린 꽃잎 위에 떨어진 눈물
내리는 봄비에 함께 젖어가네

봄비로 오는 당신
물빛 바람 되어 숨결을 어루만지네
젖은 그리움에 가슴을 묻고
추억 속에 피어나는 그대

그대 없는 이 거리는
안개에 젖은 꽃잎처럼 쓸쓸하고
잔바람 지나간 자리에
남은 향기만 나를 붙잡네

봄비로 오는 당신
그리움 되어 하늘에서 내리네
이 비 끝에 그대가 있다면
마른 가슴으로 당신을 맞으리

햇살 고운 날에

아침 햇살이 고운 숨결로
내 귓가에 스미는 봄날입니다
당신 생각이 먼저 피어나
꽃잎보다 먼저 내 마음을 흔듭니다

햇살은 이슬에 불을 붙여 은은한 향기로
당신의 이름을 실어 보냅니다
우리의 정원에 스며드는 익숙한 내음에
평온한 하루를 당신의 온기로 데웁니다

이제
당신의 첫 목소리를
따뜻한 차 한 잔에 띄워
아침 햇살에 섞어 마십니다
찻잔 속에 천만 개 당신의 속살이 내립니다

아침 이슬 봄날 햇살
그리고 당신과 나
한데 섞여
하루를 엽니다

존재의 반은 그림자다

정오의 빛이
담장 끝에 서자
그림자는 나를 밀쳐낸다

발끝에서 번진 먹빛이
늙은 돌담을 타고 오르고
장독 사이로 좁은 몸을 구겨 넣는다

제자리를 지키는 나를 비켜서
그는 지붕 위를 맴돌고
길모퉁이에서 낯선 눈빛을 꺾는다
때로는 나의 얼굴을 버리고
먼 풍경을 향해 먼저 달려간다

저녁이 내리면
우리는 발밑에 웅크리고 앉아
서로를 지워낸
그 어떤 흔적도 거부한다

그가 떠난 자리에 남은 것은
내 속을 관통하는 텅 빈 공간
나는 비로소
반쪽으로 서 있는 밤을 배운다

당신의 사막

사랑은 물과 같아서
메마른 사막을 만나면
보일 듯 말 듯 모래알 몇 줌을 겨우 적시고
숨 막히는 모래바람 열기에 흐느적거리다가
사소한 흔적 하나 남기지 못하고
사막의 연인이 된 고독과 함께 소멸합니다

황량한 사막의 모래알을 적시고
실핏줄의 물도랑을 내기까지는
몸에 지닌 수분을 모두 쏟아내고
밤마다 간절한 몸부림으로 하늘 문을 열고
달빛 별빛을 한데 모아서
지상에 핏물로 내려야 합니다
그제야 겨우 소리를 질러댈 통로가 열립니다

실핏줄 물줄기에 오롯한 나룻배 한 척 띄우기까지는
끊임없이 세찬 사랑의 물줄기를 쏟아야 합니다
지쳐서 잠시만 멈춰도
이내 사막의 물은 마르고
다시 굳어진 모래는 물기를 거부하는 돌이 됩니다

당신의 이야기입니다

끊어진 기타줄

끊어진 기타줄을 바라보네
한때의 멜로디 기억 속에 잠들고
멈춰 선 노래는 길을 잃었네

그대와 함께 부르던 노래
바람이 되어 미련 속에 흐르고
텅 빈 밤하늘을 떠도네

어둠 속에서 멈춘 기타를 끌어안고
사랑의 선율을 더듬어 보아도
감촉 없이 허공만 휘젓네

덩그러니 남은 메마른 울림
손끝을 스쳐도 흩어지는 메아리
어둠 속에 홀로 떠도네

기억 속 멜로디 선율을 잃고
당신의 노래도 바람이 되어
모래알처럼 흩어지네

끊어진 기타줄을 다시 맬 수 있을까
당신과 나의 끊어진 사랑을
다시 이을 수 있을까

사랑은 뒷모습을 먹고 자란다

4호선 신용산역 3번 출구에서는
마주 보는 눈물이 닳아간다

헐떡이던 시간은 멈춰서고
어젯밤부터 빚어온 이별의 반죽이
형체 없이 짓이겨져 굳어진다

앞뒤 없이 빚어진 사랑 덩어리 하나씩
꾸역꾸역 가슴에 구겨 넣으며
오랜 마주봄을 뒤로하고 떠남을 재촉한다

먼저 돌아서서 떠나라고
수없이 손바닥이 허공을 뒤집고
먼저 뒤돌아설 용기를 잃은 처연함이
몇 번의 세찬 전동차의 소음을 삼킨다

만남보다 헤어짐이 어려운 것은
사랑은
앞모습이 아닌 뒷모습을 먹고 자라는 까닭이다

제목 : 사랑은 뒷모습을 먹고 자란다
시낭송 : 박영애
스마트폰으로 QR 코드를 스캔하면
시낭송을 감상할 수 있습니다

이별 후에 시집 읽는 밤

지쳐 잠든 어둠을 깨워 세우고
오늘 밤에도 시집을 펼쳐 듭니다
천 길 수렁 늪에서 허우적거리는
한 남자를 물끄러미 바라보면서
어림없이 짧은 구원의 밧줄을 내리고
부족한 절망의 길이를 시어로 이어갑니다

나풀거리는 수없는 매듭들이
살갗을 스쳐 핏방울로 맺히고
무게를 이기지 못하는 핏덩어리는
뚝뚝 떨어져 내려
시어의 가슴을 핏빛으로 물들입니다
당신과 이별한 후에 펼쳐 든 시집은
아린 살갗을 후벼낸 피를 먹고 삽니다

봄 햇살 따사로운 당신의 무릎을 베개 삼아
그윽한 눈빛에 빚어지던 고운 시어들이
모조리 격추당한 후에
피범벅이 된 시어로 잔 목숨을 수혈하며
이별에 포로가 된 패잔병이 되어
통곡하는 이들의 대열에 스며듭니다

겨울을 떠도는 바람

앙상한 삭정이로 옷을 삼아
겨울을 떠도는 바람을 막아섭니다

지상에서 천상 어디쯤
가늠할 수 없는 광활한 공간 속에서
당신의 미세한 입김은
하얀 눈꽃송이가 되어 흩날리는데
주저앉은 어스름은 그마저도 지워냅니다

어둠이 밀려드는 겨울 들녘에서
바람은 당신을 비워내고
당신은 왜소해진 나마저도 겨울바람에 실어 보냅니다

그리움에 곪고 삭아 만신창이가 된
육신의 파편을 차가운 바람에 싣고
별만큼이나 아득한 허허로운 공간 속에서
부서져 내려 싸늘하게 식은 체온에 흔적 된
당신의 입김을 찾아 떠돕니다

끝날 것 같지 않은 세찬 겨울바람이
꿈길처럼 아늑한 체온으로 함께 누릴 고운 햇살에
무너져 내릴 날이 있을까요

사랑의 곡예

밤하늘 끝자락, 외줄 하나
달빛은 매번 같은 자리에 서서
내 발끝만을 비추고 있었다
나는 너라는 바람 위를 걸었다
숨소리마저 추락하는 허공에서
손에 쥔 건 추락을 끌어올리는 마음 한 줌
기울어진 공간에서
균형을 잡으려 애쓰는 사이
질식하는 심장은 찢어져 내리고
갈라진 틈마다 네 이름이 스며들었다

환호인지, 냉소인지 모를 표정으로
너는 흔들리는 외줄 아래 서 있었다
늘 같은 자리에서
흔들리는 나를 풍경 삼았다
나는 위태로운 외줄 위에서
천 길 아래 마음을 끌어올리며
발바닥으로 무수히 편지를 썼다

세월은 어느새 뒷모습을 지워내고
멈출 수 없는 서글픈 곡예 속에
땀 냄새가 저려올 즈음
끝내 나는 팔을 벌렸다
그러나 허공은 입술을 굳게 다문 채 침묵했다
텅 빈 마음만 바람에 흔들렸다
쓸쓸한 사랑은 늘 그 자리에서
어제와 같은 발끝을 내딛으며
같은 외줄 위를 맴돌고 있었다

팬지꽃 심는 밤

밤마다 전설을 꺼내 읽는다
사랑을 부르는 꽃이 있다지
잃어버린 마음을 되살리는 마법이 있다지
팬지꽃 한 송이

너의 꿈 속에 조용히 스며들어
비어 있는 가슴 언저리에
숨죽여 꺼낸 팬지 씨앗 하나
몰래 심어 놓고 돌아온다

이 씨앗 꽃을 피워
마법의 향기 기다리며
바람을 흉내 내어 물을 주고
기억 속 웃음 닮은 햇살을 내린다
가녀린 숨결 따라 싹이 트고
마침내 나를 닮은 꽃 하나 피어난다

혹시 마법이 흐트러질까
너의 눈부신 마법이 다른 세상으로 이끌까
초라한 나를 지나칠까 두려워
씨앗에 보이지 않는 실 하나
내 심장과 매달아 놓았다

마법의 향기 따라 꽃잎에 홍조 깊을 때
언젠가 너의 손끝이
이 실을 당겨
그 실 끝이 나에게 닿을 수 있기를
아무도 모르는 이 밤의 기도가
서로의 마음에 이어지기를

그리움

그래
이 정도의 농도로는
그리움의 순도가 아니래도
어떠랴

뒤척이며
날 새운 밤 없었대도
너를 향한
애잔한 가슴 저림이 없었대도

가끔씩
스치는 풋풋한 내음뿐이었다
그리 우겨도

나는
너의 이름을
그리움이라고 기억한다

눈 위에 쓰는 편지

사랑해
눈 위에 편지를 쓴다
부끄러워
내리는 눈은 고이 싸매고

사랑해
너를 향한 입김 하나하나가
소복한 눈이 되어
그리움으로 쌓이고

사랑해
몇 날 후에 편지는 지워져
아무도 지울 수 없는
대지에 깊숙이 스며들고

사랑해
또다시 지상에서
혼자만의 시린 고백으로 흩날리다
먼 훗날 이때쯤 내리는 눈 위에
사랑은 형상을 입고 서성이겠지

처음 별과 끝 별만큼이나
아픈 우리 사랑

제목 : 눈 위에 쓰는 편지
시낭송 : 박영애
스마트폰으로 QR 코드를 스캔하면
시낭송을 감상할 수 있습니다

슬픈 사랑

세상에서 제일 슬픈 사랑은
나도 희생하고
너도 희생하고
주변의 사람들도 희생시켜야 하는 각혈 속에서
나도 희생하지 못하고
차마 너를 희생시키지 못하고
주변의 눈빛도 한오라기씩 짊어져야 하는 세상살이

그러기에 가슴에
습한 그리움을 한참을 짜낸 뒤에
발아가 늦을 메마른 씨를 뿌린다
몇 날쯤 잊어도 좋으련만 밤낮 품은 눈물이 싹을 틔워
어느 때에는 심술궂게 훌쩍 자라서 깜짝 놀라고
어떤 때는 세상 잊은 듯이 곱게만 자라는 모습이 섭섭하여
나 혼자 짊어지고 가야 하는 비우지 못할 짐인 듯하여
무게에 짓눌려 앙탈도 부려본다

때를 놓친 사랑은
되돌리기엔 지워야 할 발자국이 너무나 많아
정해지지 않은 길을 허우적허우적 돌아가다가
어디쯤에서 엉덩이 받칠 바윗돌 애써 찾아 걸쳐 앉는다

문득 구속받지 않는 먼 별이 그리워 바라보다가
들키지 않아도 되는 어둠을 핑계로
흠뻑 눈물로 적셔야 하는
행굼의 모드로만 고정된
탈수를 모르는 고장 난 세탁기가 되었다

그리움 1

수 세월이 지나도
해지지 않고
쌓고 쌓아도
늘 난쟁이 그대로
꾹꾹 눌러 담아도
허덕이는 허기짐
숨 가쁘게 짓눌려도
스치는 바람처럼 허허로운
제자리만 돌고 도는 바람개비

이런 사람이 좋다

눈으로 걸어 들어오는 사람이 있고
향내로 콧속을 후비는 사람이 있다

스쳐 지나는 인연 속에서
화려하고 익숙한 허상은
한낮의 낮잠처럼 신기루로 남지만
속 깊은 말 한마디로
심연으로부터 맑게 우러나
풋풋한 내음으로 기억되는 사람이 있다

세상살이
온갖 양념을 뒤섞어
텁텁한 맛을 내는 허울 좋은 인연보다는
단색의 맑은 영혼을 버무려 빚은
이슬처럼 투명한 사람이 좋다

흙먼지길 터벅터벅 걸어가는 삶이라도
길 잃은 별 하나 가슴에 묻고
허기진 후각을
풋풋한 내음 하나로 견디며
코끝에 오래 남는 사람이 좋다

당신의 사랑 계산법

창문에 걸린 초승달이 숨을 고를 때
그림자 사이로 미끄러지는 은하수의 발자국
내 책장 속에 눌러둔 가을바람 편지
네 이름만 적혀 있던 여백이 울렸네

손목시계 속 초침이 네 심장 소리로 변주될 때
공기 중에 맴도는 설탕 결정 같은 진동
유리병에 담긴 북극광이 내 살을 휘젓는 밤
이 추상화된 밤이 당신을 삼키기 전에 일어나자

도서관 계단에 걸린 황혼이 녹아내릴 때
사각사각 미러볼처럼 깨지는 계절의 경계에서
내 폐장 밑바닥에 쌓인 석탄 같은 단어들이
네 등 뒤로 흩어지는 별의 화석이 되네

미개봉 우표처럼 접힌 시간들의 주름 속에서
우주의 배터리가 방전되는 소리를 배워
침대 밑 먼지 속에 묻은 반사망원경으로
서로의 맥박이 만든 타원궤도를 그린다

당신은 모든 소음이 잠든 후의 레코드 홀
대기권 마찰로 타버린 운석보다 뜨거운 침묵
천문대 시계추가 멈춘 순간의 영역에서
사랑의 법칙은 불규칙 동사처럼 변형된다

전자기파의 바다에 띄운 우리의 좌표
전파망원경조차 잡아내지 못하는 파장으로
중력장을 가로지르는 비대칭의 궤적에
사랑은 우주 먼지의 반사율인가

슬픔의 유통기한

어느 날 문득
냉장고 문을 열다가
꺼내 먹지 못한 슬픔 하나를 발견했다
날짜는 흐릿했고
모서리는 살짝 굳어 있었다
이건 버려야 할까
아니면 다시 데워볼까
그때 그 눈물은
정말 짠맛이었을까
아니면 내가 그렇게 믿고 삼켰던 걸까

나는 유통기한이 지난 감정을
매번 꺼내 들여다본다
곰팡이 핀 기억 속에서도
무언가 반짝이는 것을 찾으려 하듯
누군가는 말한다
지나간 건 지나가게 내버려 두라고
하지만
어떤 감정은
기억보다 오래 남아 냉동된다
그리고 어쩌다 꺼내질 때면
변질되었는지조차 알 수 없는 채
다시 내 속을 적신다

아마도
슬픔에는 정확한 유통기한이 없다
그저
유효기간을 매기지 못할
사람의 이름과 계절이 있을 뿐
그 맛이 다시 그리워질 때면
나는 문득 손이 가곤 한다

커피 한잔 할래요?

숨 막히는 여름 한낮
방안 에어컨 바람에 눌려
흘러가듯 누워 있다가
오랜 기억 속에 잠들었던 사람
문득 당신을 꺼낸다

늘 가을처럼 깊던 사람이었다
시집처럼 맑은 영혼으로
내 안에 앉아 있던 사람
가슴 어디에 닿아도
생채기 없이 스며들던 사람은
여전히 수줍은 미소로
손을 흔들었다

질퍽한 무더위 속에서 깨어나
우리 커피 한잔 할래요?

여태껏 어떻게 지내왔는지
고된 인생살이 눌린 짐은 없었는지
누가 무엇이 지금껏 이끌어 왔는지
묻지 않고
말없이 마주 앉아
눈빛으로만 전하는 깊은 악수

무사히 와줘서
애써 견뎌줘서
오늘까지 와줘서 고맙다고
그윽한 침묵으로도 충분한 오늘

투명한 숨결의 잔을 기울이고 싶다
우리 커피 한잔 할래요?

당신에게 보내는 편지

함께하던 익숙한 길을 잊었기에
가을바람을 빌려 안부를 전합니다

돌아보면 그 시절, 서로 다른 갈림길에서
닮아 온 그림자를 나누지 못해서
홀로서기에 많은 날을 헤매었습니다
간간이
당신도 그러하다 전해 들었습니다

홀로 들어선 낯선 길을 따라
때로는 원망으로, 가끔은 그리움에 살다가
점점 바래가는 기억 속에 여기까지 왔습니다
내가 선택한 길은 아니어도
그럭저럭 한세월을 건너고 있습니다
소식 없는 당신도
잔잔한 강물에 실려 오시겠지요

저만치 바닷길이 보입니다
실려 온 강줄기는 달라도
함께 걸어온 사람은 달라도
결국엔 만나는 곳이 한 곳뿐이네요
어차피 이렇게 다시 만날 것을
영영 못 볼 사람처럼 했는지 모르겠습니다

헤어질 때는 마음이 상해서 손인사도 못했지만
다시 만날 때는 지난 세월 훨훨 털어내고
오느라 고생했다고 손 흔들어 맞기로 해요
이번에는 원망하고 그리워하기 없기예요

내 마음의 우체통

내 마음의 우체통에
걸어 들어간 그 사람은
얼마나 자랐을까

그제는 설레는 마음을 살며시 넣고
어제는 날 새운 그리움을 접어 넣고
오늘은 침묵에 원망을 던져 넣는다

그리움은 내 안에서 무르익어
빨간 우체통 속에서 시간을 길러낸다
계절을 몇 번 돌고 돌아서
소리 없는 무게로 눌린다

전할 수 없는 사랑을
흐릿한 별빛에 싣고
나와 우체통은 밤마다
오래된 고독의 벽에
등을 붙이고 앉아 있다

기억의 나무

내 안에
한 그루 나무가 서 있다
시간의 가장 깊은 땅에 뿌리 내리고
가지 끝마다 매달린
사라진 날들의 무게

나무는 말이 없지만
계절마다 기억을 달아 올린다
잊었다고 믿었던 일들이
해마다 같은 자리에 피어난다

기억은 자라지 않고
겹겹이 굳는다
그 아래, 숨기고 싶은 흔적들이
나이테로 둘러앉는다

어떤 상실은
그늘이 되고
어떤 기다림은 단단한 껍질 위에
침묵의 언어로 새겨진다

기억은 흔들릴 뿐
옹이로 단단히 박힌
기억의 나무는 쓰러지지 않는다
무너지지 않는 뿌리로
나는 살아남는다

제목 : 기억의 나무
시낭송 : 박영애
스마트폰으로 QR 코드를 스캔하면
시낭송을 감상할 수 있습니다

흐르지 않는 강

흐르는 물이 강이 된다지만
멈춰 선 물가에서
나는 처음으로 강을 보았다
바람은 지나가고
햇살은 묵빛 번짐으로
물을 쓰다듬는다

흐르지 않는 강물 위에
얼굴을 비워본다
흐름이 사라진 자리에
박힌 돌들이 제 이름을 드러낸다
모난 채 깎여도 사라지지 않던 결들
침묵 속에서도 인내하던 날들

멈추어야 들리는 소리도 있다
그제야 생기는 울림이 있다
침묵보다 더 깊은 소리
흐름보다 더 먼 여정

삶은 달리는 것이 아니라
멈추어 가라앉는 순간마다
나를 지탱한 디딤돌들이
물 아래 누워 있었다

강은 여전히 흐르지 않는다
그 고요 속에
내가 조금씩 깊어질 뿐이다

제목 : 흐르지 않는 강
시낭송 : 박영애
스마트폰으로 QR 코드를 스캔하면
시낭송을 감상할 수 있습니다

그루터기

말없이 잘려 나간 것들은
언제나 중심에 있었다

그늘도, 새의 첫울음도
모두 그 위를 떠돌다 사라졌다
남은 건 다만
물기를 잃은 나이테
비에 젖은 결 속을
지워진 기억의 바람 하나
나는 더 이상 나무가 아니었다

그러나 뿌리는 매일 부재를 들이켰고
그것은 어느새
눅눅한 어둠이 되어 침묵으로 덮었다
밤이면
가지가 머물던 자리 위로
시간이 허공을 더듬었다
아무도 오지 않았지만
나는 자주 스치는 기척을 느꼈다

그러다 어느 봄날
오래 묵은 침묵의 틈에서
실핏줄 같은 초록이
조용히 몸을 일으켰다

이별도 때로는 자란다
단단한 상처의 연륜으로
나는 잘려있으면서도
다시 한번 수액을 꿈꾼다

제목 : 그루터기
시낭송 : 박영애
스마트폰으로 QR 코드를 스캔하면
시낭송을 감상할 수 있습니다

나이테

살아온 날들이 켜켜이 쌓여
가슴 한켠에 흔적을 남겨
차디찬 바람도 뜨거운 햇살도
모두 내 이야기가 되었네

어린 날 눈물로 새긴 꿈의 조각
가끔은 쓴맛으로 남은 사랑
시간이 흘렀지만 그대로인 건
그 모든 순간이 나를 만들었네

나이테는 지울 수 없는 시간의 길
희망과 상처가 새겨진 그림
돌아보면 그 안에 꽃이 피어나
아름다운 내가 있네

쉬운 길은 없었기에 더 단단해져
고난 속의 빛을 찾아내며 자라
성숙한 나무는 쓰러지지 않을 만큼
깊이 뿌리를 내렸네

스쳐간 인연들이 남긴 흔적들
잊은 줄 알았던 기억의 조각
조용히 내 안에 스며 들어와
환한 빛이 되어 길을 밝혀 주네

나이테는 지나간 시간의 선물
작고 쓸쓸했던 날도 빛이 되어
돌아보면 언제나 내게 속삭이네
'너는 네가 모르는 만큼 아름다워'

거미 나라 세계지도

한 가닥 끈끈한 방사실이
또 다른 끈끈한 나선실을 만나
선택의 갈림길을 만들고
끊임없이 반복되는 방적돌기의 내지름이
스스로 체구에 걸맞은 방사형 구역을 만든다
생김새 징그러운 거미 말이다

작은 정원의 길목마다
사이좋게 구역을 나눠서
평화로운 세계지도를 만들었다

늘 보아도 그대로이다
먹잇감 자주 오가는 구역을 집터 삼으려
구역을 독차지하려 싸움질을 할 만도 한데
부유하든지 궁핍하든지
애당초 터 잡은 곳을 벗어나지 않는
욕심 없는 평화가 대견스럽다

흙바닥에 주저앉아 넙죽 절이라도 올리고 싶다

그만큼 채웠으면 주변을 돌아볼 만도 한데
차고 넘치는 먹잇감 더 쌓으려
끊임없는 분쟁이다
만물의 영장이라는 인간 세상 말이다

인간들이 만든 세계지도 싹 지워버리고
거미 나라 세계지도를 그리고 싶다

제목 : 거미 나라 세계지도
시낭송 : 장화순
스마트폰으로 QR 코드를 스캔하면
시낭송을 감상할 수 있습니다

동백꽃 지다

너는
천년을 누릴 듯 매듭 없는 수다로
세월 늘이기에 여념 없는
세상을 바라본다

나는
태고의 맑고 고운 속살이
행여나 속세의 티끌에 물들까
꽃잎 하나 연약함 씌우지 않고
온몸으로 지운다
미련 없이 버린다

그래서
온전한 몸이 세월로 남는다
쇳물보다 뜨거운 이름으로 기억된다

접목 -갈아타기

살아온 세월을 싹둑 잘라내고 몸을 쪼개어
화려한 무늬를 지닌 접수를 이식한다

평범하게 태어나 주목받지 못한 세월을
저리는 아픔으로 털어내고
접사의 칼끝에 몸을 맡겨
눈부신 변신을 시도한다

굳이 목숨을 걸지 않고
적당히 성형으로 고쳐서 입는 것이
삶이 보장된다는 매력은 있지만
서러운 세월을 싹 갈아엎고
금수저로 뽐내고 싶은 숨 막히는 유혹에
목숨을 건다

살고 죽는 것이 접사의 손에 달린 것이 아쉽지만
어차피 한 생명이 태어나고 떠나는 것은
내 의지가 작용하지 않는 창조자의 몫이다

세월이 흘러 용케도 상처가 아물고
내 몸을 바탕삼아 터전을 마련한 너는
나의 완벽한 변신의 성공작일까
아니면
여전히 고생하며 먹여 살리는 또 다른 상전일까

제목 : 접목 - 갈아타기
시낭송 : 박영애
스마트폰으로 QR 코드를 스캔하면
시낭송을 감상할 수 있습니다

계요등(鷄尿藤) － 낮은 자의 지혜

지네가 훑고 다녀간
알 하나 품지 못한 저녁마다
암탉은 기도했다

간절한 염원이 쌓아 올린
닭똥과 오줌 냄새 진동하는 성벽 사이에서
자라난 덩굴이 울타리를 넘었다
침입자의 발을 멈춘 것은
오물로 키워낸 계요등
완벽한 방어는
견딜 수 없는 악취였다

그것은 어미의 혀처럼
쓰고, 뜨겁고, 단단했다

사랑은 향기로만 피어나지 않는다
지혜는 아름다움 속에서만 집 짓지 않는다
가장 천한 것들 속에서
빛을 끌어올려 꽃을 피운다

세상을 뒤덮을 기세로
수백의 나발을 불어대는
저 눈부신 흰옷과 속살 깊은 자주색 열정의 꽃

세상을 지키는 가장 견고한 울타리는
겸손하게 꿇은 무릎과
덧없이 버려지던 똥과 오줌이었음을

겨울 정원에서

겨울 정원에 서면
텅 비인 바람소리만 소란한 것이 아니다
메마른 삭정이 구석구석에 갇혀
시원하게 내뿜지 못하는 욕망들이 아우성이다

겨울 정원에 서면
내 볼만 상기되는 것이 아니다
게으른 햇살 하나 놓칠세라
속 좁은 물기 하나 바람에 빼앗길세라
비좁은 생명줄에
바둥바둥 매달려 핏대를 세운다

겨울 정원에 서면
일로 장터 각설이패들의 넉살이
하루 종일 발걸음을 묶는다

제목 : 겨울 정원에서
시낭송 : 박영애
스마트폰으로 QR 코드를 스캔하면
시낭송을 감상할 수 있습니다

봄이 오는 소리

여기저기
갓 태어난 아이들의 풋보리빛 환호성이
야단스럽다

연이은 출산을 앞둔 초조한 만삭의 대지도
거친 호흡을 잠시 멈추고
산고의 땀방울을 닦아내며
빙그레 웃는다

해마다 찾아오는 신생아실에서는
맞을 준비하는 자들의 탄성과
스스로 자궁 밖으로 기어나오는
맨살 아이들의 우렁찬 행진소리가 뒤섞여
아우성이다

지구의 자전 소리가 그렇듯
봄이 오는 소리는
눈으로 듣는 환호성이다

집착

뚜구 두구 두구 두구
뚜구 두구 두구 두구

둥근 북통 속에
밀어 넣을 것은 나인데
세상을 밀어 넣으려니
늘 탁한 소리에 세상살이가 번뇌다

'잘 있게나'
비워내고 떠나야 할 것을
'잘 가게나'
머물러 보내기만 하니
북채를 내리는 손목이
설익은 장단소리에 고뇌가 천근이다

따구 따구 두구 두구
따구 따구 두구 두구

어둠이 흰옷을 입고 창밖에서 서성이는데
마지막 장단에도 스며들지 못하고
소가죽에 매달려 허우적거린다

끊어내지 못하는 이승의 인연이
참으로 질기다

꽃 파는 여인

시골 장터의 밀려난 끝자락에서
꽃화분 몇 개 자판을 펼치고
꽃 파는 여인

늘상 붐비는 장터 소음 속에서도
주인 잃은 꽃향기는 진동하고
"꽃 사세요."
외치는 목소리는 인파에 묻힌다

느릿느릿 게으른 봄 햇살이 기울 무렵
주섬주섬 익숙한 종이 박스 속에서는
어제 그 꽃, 오늘 그 꽃들이
반갑게 재회하고
여인의 낮은 한숨 소리는 어둠 속에 묻힌다

가난의 땟물을 꽃화분 속에 구겨 넣고
하루 종일 꽃향기 속에 억지스럽게 동거하다가
꽃향기는 꽃향기대로
여인의 찌든 삶은 찌든 삶대로
서로 얼굴을 돌리며 돌아선다

풍경 -비 오는 날

겨울철에 비가 내린다고 피해 든
길가 처마 넓은 집 문턱에 모여든 행인들이
한결같이 원망이다

비를 피할 공간에 감사할 만도 한데
하루 동안 쌓았던 섭섭했던 마음을
켜켜이 쌓아놓고는
아무 일이 없었다는 듯 참새가 되어 떠난다
참새똥을 치우는 주인 얼굴이 황당하다

주인 못 찾은 새 우산이 가득한 편의점 안에서는
올해 겨울은 유난히도 춥다고
장갑을 낀 채로 컵라면에 뜨거운 물을 붓는 이들이
편의점 진열대에 원망을 쌓아 올린다
1+1에 +1이 더해졌다

대목의 슬픈 운명

씨를 뿌려 키워 낸 단풍나무 묘목을
밑동을 싹둑 잘라 접목용 대목으로 삼는다

이쑤시개처럼 가냘프던 몸매가
알맞은 굵기로 튼실하게 자라나 몸이 베인다

애당초 씨로 뿌려진 까닭이
우람한 정원수로 자라나 그늘을 드리우고
눈부신 단풍을 즐기기 위함이 아니었다

태생의 색감과 모습을 지워내고
타인이 선택한 색감과 모습을 위해
뿌리와 몸뚱아리 한 부분이 필요의 전부였다

타인이 설계한 다른 이의 찬란한 일생을 위해
평생을 보이지 않는 흙바닥을 헤집으며
허덕여야 하는
결코 죽음도 허락되지 않는 삶이다

별이 된 아이들

먹먹한 마음에
하늘을 본다

그새 별이 많이 늘었다
오늘밤은 유독 풋풋한 별들이 많다

나이 먹은 내가 있어야 할 자리에
촘촘히 밀려들어온
어린 별들을 바라보면서

까아만 슬픔으로 하늘을 지우려는
아직 떠나지 못한 채 목청만 큰 나를 보면서

누군가 가슴을 쓸어내려
자신의 삶을 지탱하는
이 땅을 보면서

그저 말없이 별이 되어
어둠을 적시는
눈빛 맑은 내 아이들을 본다

한참을 울어야
새벽이 올 것이란 두려움이
참 부끄럽다

봄비 오는 소리

하얀 목련 꽃잎에 스며드는
나지막하게 젖은 목소리

행여나
노란 나비 따라서 고운 꿈길을 걷는
님의 베갯잇을 적실까 애태우며
사그락사그락
투명한 실을 풀어
대지에 수를 놓는다

철 이른 아장걸음 부끄러워
보일까 말까 연무 속에서
하루 종일 숨바꼭질에 날이 저문다

봄비 오는 소리는
마주칠까 두렵고
못 볼까 기다려지는
첫사랑의 기억처럼 아련하다

소금산에서

당신과 나
손잡고 계단을 오르면서
이만큼이면 안전하리라 굳게 믿으며
세상에서 멀어진다

이쯤이라 여기며
문득 내려다보는 지상에는
아직도 두려움이 어지럽게 밀려오고
휘청거리는 발목에 힘을 더해 더 높이
한 걸음씩 세상을 덜어낸다

더는 오를 수 없는 정상에서도
이승의 무거운 멍에는 여전히 짓눌리고
출렁다리 건너 봉우리로 달음질치면
행여나 새로운 세상살이 마주할 수 있을까

천 길 낭떠러지를 잇는 밧줄에 매달려
단절을 꿈꾼다

앞선 발자국소리 희미해질 무렵
이 정도로는 어림없다고
허상을 덮는 어둠이
발걸음을 세상으로 돌려 세운다

제목 : 소금산에서
시낭송 : 박영애
스마트폰으로 QR 코드를 스캔하면
시낭송을 감상할 수 있습니다

아따, 이 사람아

아따, 이 사람아
말도 말랑께
허벌나게 거시기한 삶
묻긴 뭘 물어, 뭔 짝에 쓸라구
다 지나간 일이랑께
꺼꿀로 가면 속창시가 썩응께
아따, 이 사람아
사는 게 다 거기서 거긴거여

우덜 때는 솔찬히 성가신 세월이라
여적지 느그적거리며 살 틈이 없었당께
느자구 없는 일도 허벌라게 당했지라
겁나게 성가신 일도 허창나게 많았제
말도 말랑께, 그때는 다 그랬어라

여그, 이 사람아
산다는 것이 다 거시기한거여
허벌나게 빠른 게 세월인께
느작없이 어거지 부리지 말고
짜잔하게 꼬꼽시럽게 살지 말구
암시랑도 안 허다 맘 먹고
서로 애껴줌서 살아야
훗날에 살아온 나날이 아삼삼 헌거여
아따, 이 사람아
어거지 부리지 말고 푸짐히 살잔께

중년이라는 이름은

중년은
끝 갈 데 없는 깊은 수렁과
제 살 깎아내는 폭풍의 열정을 지우고
희미하게 기억되는
지나온 간이역의 이름을 떠올리며
추억으로 되돌아가는 여정이다

폭풍우 몰아치던 계절의 어수선함과
잃어버린 허망한 꿈이
쌓아 온 세월보다
훨씬 낮은 발등의 찰랑거림으로 다가올 때
중년은
비로소 애써 묻었던 것들을 하나씩 꺼내어
그리움이라 이름 붙인다

녹화테이프를 빠른 속도로 되돌리듯이
온몸에 걸쳐 왔던 거적들을 하나씩 벗겨내면서
익숙한 길을 남이 되어 되돌아가는 여정이다
하나씩 익숙함을 거둬들이며
낯설어진 태초의 고요함으로 되돌아가는 길이다

춘사(春詞)

백색 포연(砲煙)이 휘몰아치던 전장(戰場)은
나비처럼 겁 없이 유영(遊泳)하는 총탄의 섬뜩함이
견딜 수 없는 사정(射精)의 욕구를 짓누르며
계절의 앙상한 잔해 속에서
처절했던 전쟁의 상흔(傷痕)을 표구(表具)한다

능욕(凌辱)과 짓밟힘이 난무(亂舞)하던 대지는
연신 터져 나오는 하품 속에서 기지개를 켜고
낡은 두루마기 속에 맨살을 드러낸 초목(草木)은
인고와 기다림으로 만신창이(滿身瘡痍)가 된 얼굴을 닦는다

난시(亂視)의 어지러움을 제압한 다초점 유리알이
철 지난 기억을 박제(剝製)하고
갓 시집온 한줄기 햇살이 뽀얀 얼굴을 내민다

마침내
어머니의 젖가슴에 익숙한 체온이
승리의 깃발을 세운다
헐레벌떡 달려온 선지자가
목 타는 신도를 모아 가슴 설레는 신흥종교를 선포한다
'봄'이다

옹관 －영혼의 길

박물관 한켠
유리벽 너머 시간은 눕고
흙의 자궁에 안긴 옹관들의 행렬

죽은 이는 그 안에 누워 있고
산 자는 그 앞에 서 있다
시간에 태워진 육신 사이로
실타래에 묶인 별빛이 흐른다

세월의 지문으로 쌓아 올린 토벽은
숨결 멎은 이의 마지막 꿈
살아 숨 쉬는 자의 간절한 소망
하나로 엮어낸 영생의 길

죽은 이는 토기를 침상 삼아
산 자는 기억을 베개 삼아
산 자는 살아 있는 죽음을 안고
죽은 이는 죽어 있는 삶을 꿈꾸며
서로를 향해 한 걸음씩
옹관 속으로 걸어간다

어쩌면 삶은
옹관을 빚어내는 일
그 안에 각자의 영혼을 묻는 의식
영원한 안식을 염원하는 이와
그 염원을 땅에 심는 자
두 마음이 한데 만나
실타래를 풀고
영생의 실선을 잡아
영생의 빛을 따라
마침내 길을 나선다

토벽을 깬다

※ 옹관 : 삼국시대에 주로 쓰이던 큰 항아리형 토기로,
시체를 안치했던 매장용 토기

풍경 -빈집

문을 열자
바람이 먼저
들숨처럼 스며들었다
오래된 먼지 속에는
떠난 발자국들이 웅크려 앉아 있고
침묵에 익숙해진 벽은
바깥세상을 잊은 창문에 갇혀
닫힌 방을 지키고 있었다

세월의 무게에 짓눌린 낡은 의자
색을 걷어낸 흑백사진들
망각의 경계선에서
위태롭게 헐떡이고 있었다

물기 마른 부엌엔 허기진 그릇들이
적막에 자리를 내주고
빈집 마루에는 시간이
등을 구부리고 누워 있었다

부재에 메말라 등 굽은 세월은
어느새 무게를 덜어내고
세월은 멈춤과 공허의 틈에
더 깊이 스며 있었다

사라진 것들의 투명한 무게
그 침묵
우리가 남긴
가장 오래된 언어였다

풍경 — 신발 한 짝

비 오는 날 골목 어귀에
말없이 누워 있는 신발 한 짝
버려진 것일까
기다리고 있는 것일까
언젠가 누군가의 발을 감싸
세상의 돌부리와 먼지를 함께 견디다가
어느 날 짝을 잃고 무너진 꿈이 되어
함께 한 거리의 사연을 추억한다

신발 속에 담긴 빗물을 보면
세월이 실어 놓은 무게가 애처롭다
한 짝이 떠나기 전까지
한때는 누군가의 출근길이었고
첫사랑을 향한 두근거림이었고
나란히 걷는 가뿐한 웃음이었고
때로는 눈물 속을 걷는 밤이었으리

신발 속에서 짓눌렸던 풍경들이 스쳐 지난다
수없는 발소리가 스며들고 흘러간다
함께 한 이들의 얼굴이
빗방울 속에도 그려지고 파동으로 밀려난다

왼쪽 짝일까 오른쪽 짝일까
나일까 너일까
따져 묻는 것은 의미 없는 논쟁이리
먼저 무너진 쪽을 가려낸대도
하나가 떠나면
마저 버려지는 묶인 운명인 것을

돌아온 말은 낯설다

말은 버려지는 줄 알았다
한때는 너무 무거워
입속에서 밀어냈던 말들이
묵음처럼 쌓인 저녁의 틈으로
낯익은 문장들이 스며든다

'괜찮아'
'아니야'
그 짧았던 것들이
긴 그림자를 끌며 문턱을 넘는다

나는 안에서 물든다
그 말들이 정말 내 뿌리였는지
아니면 타인의 그림자가 피워낸 잎이었는지
돌아온 말들은
발자국 없이 다가와
침묵보다 더 오래 눌러 앉는다

잊었다고 믿었던 말이
어느 날 심장 쪽에서 물결처럼 번진다
말은 돌아오지만 얼굴은 낯설다
그것은 나를 부르는 것이 아니라
내 안의
아직 이름 붙이지 못한 것을
조용히 흔들어 깨운다

어쩌면 지금 내가 하는 말들 역시
언젠가 낯선 얼굴로 돌아올지 모른다
그때 나는
그 말 속에서 나를 알아볼 수 있을까
아니면
또 한 번 고개를 돌리고
아무 말 없이 문을 닫을까

분리수거장에서

분리수거장에서
남자는 고독을 만난다

제각각 사연으로 떠돌다가
좋은 것은 뺏기고
맛난 것은 토해내고
쓰다 남은 허드레로 밀려나
이름표마저 지우고 내팽개쳐져
억지스럽게 눌려 쌓이는 삶

새것일 때는
손에 이끌려 문턱을 넘고
알맹이 비워내고 껍질로 남아
스스로 손에 이끌려
분리수거장으로 향한다

여기저기 눌린 고독들이 오열하면서
불빛 밝은 제 집 창문을 물끄러미 추억한다

제목 : 분리수거장에서
시낭송 : 박영애
스마트폰으로 QR 코드를 스캔하면
시낭송을 감상할 수 있습니다

흑석산 휴양림에서

흐느적거리는 육신을 흑석산 휴양림에 뉜다
겨울산은 마음에서 멀어지고
추위가 몰고 온 오열과 한기는 뼛속을 파고들어
뜬 눈으로 보내고
겨울과 맞서는 전사가 되어
삶의 마지막 껍질을 벗겨낼 흔적을 고민한다

억지스럽게 산을 오른다
멧돼지가 짓이겨 놓은 처연한 산기슭에서
짓눌린 감각이 피식 공포의 세포를 깨운다
이 엄동설한에 용케도 살아 있었구나!
육신을 옭아맨 칠흑의 어둠이 한 겹 한 겹 껍질을 벗는다

성급하게 올라탄 등산로에 늙은 소나무가
깡마른 아랫도리를 힘겹게 지탱하며
뭉그러져 피멍이 든 구갑으로 손을 잡아
휘청이는 발걸음을 멈춰 세운다
지문을 지워 온몸으로 껴안으며 세월을 엮어낸
인고가 훈장처럼 빛난다

피할 곳 없이 묶인 운명의 질곡 속에서
살아낼 수만 있다면
등 굽은 누군가를 손잡아 줄
은혜의 한 자락은 마주할 수 있구나
짧은 겨울 햇살을 떠나보내며
삶의 지문을 내면으로 옮기는
저녁을 맞는다

육신의 체온계

한 살 한 살 나이를 더할수록
보이는 것도
보이지 않는 것도
한결같이 삐걱거린다

시력이 사물을 늦저녁 무렵에 가두고
청력은 눈 껌벅거림과 고갯짓이 대신하고
근력은 한 몸을 지탱하지 못하고
기댈 곳을 의지해야 평안하다

손끝이 게으름뱅이 한낮처럼 늘어지고
좁아든 세상 문턱을 기웃거리는 발등은
정겹던 얼굴들을 하나둘 밀어낸다

지식은 고물 농기구가 가득한 툇간으로 밀려나고
늙은이의 지혜라는 가당치 않은 낡은 망토를 입고서
참견질할 틈새를 노리는 재미에 살아간다
세상사 시비에 아집이 늘어가고
다른 이의 하소연에는 귀마개를 채운다

나이를 먹을수록
세밀하게 조여지는 것도 더러는 있다
잊고 살았던 체감의 온도가
시중의 체온계보다 정확하게 작동한다
더부살이에도 내 것인 양 뽐내는 것이
청개구리보다 영악하다

가을비

한낮 내내 반복되는
익숙한 여인네의 잔 이야기를 들으며
시간을 쓸어 넣었다

때로는 익숙한 여인네의
감흥 없는 밋밋한 젖가슴이
당혹감이 없어서
한결 마음이 편하다

와도 그만
안 와도 그만한
가을비를 핑계 삼아
빈 가슴으로 하루를 지웠다

불꽃놀이를 꿈꾸며

한 줌 바람에도 꺼질라
어둠 속에 웅크린 채
가슴 깊이 숨겨둔 불씨
차마 꺼내지 못한 숨죽인 사연들

적막을 찢고 솟아오르는 오색의 불꽃
하늘에 피어나는 찰나의 절규와 환희들
그 불꽃은 온몸 부서지며 피어나는
내면의 갈증이 엮어낸 찬란한 비상

사람들은 저마다의 이야기를 불꽃에 실어
토해내고 태우고 산산이 지워냅니다
그리고 타인이 되어
어둠 속에 얼굴을 묻고 돌아갑니다

언제나 그렇듯
내가 짊어진 사연들은 불발탄이 되어
찬란한 소멸 속에 혼자 떠돌다
환호가 끝난 축제장 허공을 맴돕니다

적당히 뒤섞여 얼굴을 지우고
타인이 쏘아 올린 불꽃을
내 것인 양 여기고
쏟아져 내리는 오색의 소멸에
나를 실어 보내면 될 것을
스스로에 갇혀
내 형상만 고집하는지 모르겠습니다

찬란히 지워낼
불꽃놀이를 꿈꿉니다

팔당호의 물안개

새벽 동틀 무렵
팔당호 물안개는 퇴적된 전설들을
하나하나 물안개로 건져 올리고 있었다

이 땅을 스쳐 지난 이들이
한낮 동안 쏟아낸 웃음들을
한밤 동안 곱게 쌓아올린 밀어들을
색채를 지운 채
뽀얀 안개에 싸매어 들어 올리고 있었다

오천 년 역사를 오르내리며 묻어둔
뭇 사람들의 애환과
설익은 어젯밤의 기억까지도
그만큼씩 흑백색의 농도로 건져 올리고 있었다

난제(難題)

펄펄 끓는 온수매트에 몸을 뉘어도
가슴이 시려오는 것은
망각의 각도가 어긋나 좁혀진 까닭이리라

덧없이 흐르는 세월은
좁은 도랑을 휩쓸고 내리는
광란의 아우성인데
잊어야 할 일들은
퇴적층을 이루며 겹겹이 옷을 입고
버려야 할 것들은
주홍 글씨로 살갗을 태운다

조각난 채 식어 내리는
무지개의 조각난 편린을 애써 외면하면서
안락한 세상의 체온에 육신을 불태워도
여전히 동토의 늪에서 허우적거리는
상실의 돌무덤이여

홀로서기

봄철에 삽목한 묘목이 제법 자라서
비좁은 삽목판에서 영역싸움에 아우성이다
그만그만하게 자신의 터를 정해 줬는데
한 해가 되기 전에 자란 모습이 제각각이다
훌쩍 자란 묘목은 하늘을 독차지하고
늦게 자란 묘목은 숨 막힌다고 야단이다

파헤친 삽목판 용토 속은 더욱 가관이다
같은 용토 속에 꽂힌 삽수인데도
한참이나 멀리까지 뿌리를 내린 아이
게으름에 이제야 발근을 시작한 아이
웅크리고 앉아서 세월만 허비한 뿌리 없는 아이도 여럿이다

사람은 태어나 주어진 환경과 여건에 따라
발육과 성장이 제각기 다르다는데
삽수는 같은 날 같은 용토 속에서도
뿌리내림이 제각각이다

동일한 비율로 용토를 배합하여 화분에 묘목을 이식한다
쑥쑥 성장해서 새 주인 만나 사랑을 흠뻑 받든지
게으름에 남 탓만 하다가 기억에서 잊히든지
이제부터 성장은 오로지 개개인의 몫이다
홀로서기다

화장지 예찬

한평생을 힘겹게 버티고 살다가
누군가의 똥 밑이나 닦고 버려지는 운명이라고
자신의 신세를 탓하지 말라

황급히 달려간 화장실에서
텅 빈 화장지걸이를 만났을 때
네 존재처럼 간절한 바람도 없더라

변기에 앉아 무료함을 달래는
시집의 속지 한쪽도
네가 있을 적의 평안함에는 미치지 못하더라

네 희생이 다한 후에야
시(詩)가 시다워지고
지폐가 돈다워지고
모든 사물이 비로소 존재의 의미를 찾더라

네가 없는 세상의 모든 사물이
화장지의 대용물에 지나지 않더라

삶의 훈장

삶이 저린 것은
피폐한 영혼의 끝자락을 애써 불러내
기억의 거울 앞에 세우는 까닭이다

마주한 현실의 한자락을
미지의 사하라 한복판에 세우고
열사의 목마름에 허겁지겁 내몰아
스스로 방향을 지우고 생수를 쏟아내고
마침내 희멀건 삶을
벗어날 길 없는 사막으로 울타리를 둘린다

그리고는
눈 한번 깜박일 여유가 없어
오아시스를 외면하고
지친 걸음을 옮길 용기가 없어
한치 건너 기름진 땅을 보지 못한다

스스로 설정한 사막에서
굶주려 울부짖는 낯익은 야수야
생존한 자의 가슴에 주렁주렁 달린
빛나는 훈장을 바라보자

인생은
헤쳐나온 사연마다 하나씩
별이 되어 가슴에 조형된다

잔향 속에서

사유가 한 잔의 온기로 식어갈 때
나는 여전히 그 여운의 가장자리에 앉는다

그 향이 어디서 기원하여
그윽한 향으로 머물다 빚어져
황금빛 무게로 형상을 입었는지
나는 알지 못한다

데운 찻잔이 시간 속으로 걸어가고
차향의 온기도 시로 빚어져 떠난
텅 빈 잔 바닥엔
고르다가 버려진 시어들이
얼룩처럼 눌어붙어 있다

한때의 사유가 머물렀던 자리
누군가 채굴로 비워진 금맥의 광산 갱도처럼
허허로운 그 비워낸 찻잔 속을
물끄러미 바라본다
무게가 덜어져도 찌꺼기는 남듯이
비워낸 잔 안이 묵직하다

사유는 잠들지 않는다
다만
비워낸 찻잔 안에서 앙금으로 가라앉아
침묵으로
또 다른 이의 온기를 기다린다

체온을 밀어내고 식은 찻잔
그 언저리를 맴도는 잔향을 애써 더듬으면
내 안의 아직 덥혀지지 않은 시어들이
꿈틀거린다
아우성이다

이름 모를 작은 꽃

외출했다 돌아오니
관수하던 스프링클러가 쓰러져
물줄기가 길을 냈다

허비된 물에
가슴을 쓸어내리며
물길을 따라가니
이름 모를 작은 꽃 앞에 닿았다

이 작은 풀 한 포기
여름 햇살에 타 죽을까
하늘이 은혜를 베풀어 목을 축였구나

한참을 쓰다듬다가
작은 꽃이
나와 참 많이도 닮았다는 생각이 들었다

풍경 −봄비 속에서

묵은 하늘은 잠든 침묵을 걷어내고
서늘한 숨결로 대지를 해금하며
묵언의 계절 위에 물빛 문장으로
잊혀진 근원에 숨결을 불어 넣는다

봄비는 망각의 시간을 기억하며
기억의 심연에서 걸어온 사자(使者)
낡은 슬픔의 껍질을 벗기고
내면의 이끼 위에 은빛 사념을 뿌린다
오래된 균열에 향기처럼 스며들어
암흑의 흙 속에서 잠든 무명의 싹들을
가능성의 어휘들을 다독여 밀어 올린다

무명의 씨앗은
스스로의 언어로 매무시를 단장하고
봄비는 마지막 온기를 내려
이름을 입힌다
어둠이 가두어 놓은 침묵을 열고
조용한 떨림으로 진실을 증명한다
비로소 빛의 결을 입는다

사막에 묻힌 심연의 침묵은
손잡아 줄 물빛 한 줄기에
제 빛깔로 깨어날 수 있는 가능성이다

허탕

이른 새벽에 부스스 일어나
시 한 편을 쓰겠다고
잘 익은 시집과 씨름하다가 헛발길

묵혀 둔 겨울 창문을 억지스레 열쳐놓고
싸늘한 냉기로 방안을 세탁하고
텅 빈 정원에 억지 새소리도 불러본다

허탕이다 허탕이다
사정한 성기처럼 고추 세우기 어렵다

요염한 아낙네의
풍성한 젖가슴이 그리운 새벽이다

이름 없는 역

비가 오고 있었다
아무도 내리지 않는
낡은 간이역 플랫폼 위로
바람이 우산을 접고 갔다

전광판도 안내 방송도 없는
낡은 간이역에서
시간은 기적 소리를 밀어내고
나는 기억이 바랜 벤치에 앉아
어디에도 적히지 않은 약속을 기다렸다

이 역엔 이름이 없다
표지판도 거리도 너도 없다
오직 한때
마음을 흔들다 떨어진
낙엽만 바람에 뒹군다

한 사람의 기억이
하루를 다 채우는 곳
버려진 간이역은
궤도를 벗어난 시간이
잠시 머물다 간 자리였다

나는 아직도
이름 모를 간이역에서
반환되지 않는 철 지난 열차표를 손에 쥐고
돌아오지 않는 열차를
기다리고 있다

그럭저럭 살았다고 말하지 말라

오늘 하루를 그럭저럭 살았다고 말하지 말라
생각 없이 지나온 질퍽질퍽한 논둑길에서
몇 날을 기다려 겨우 눈을 트는 어린 들꽃이 가슴을 찢기고
벗어난 안도감에 내닫던 신작로 길에서는
햇살을 찾아 첫나들이 나선 어린 곤충들이
짓밟혀야 하는 이유도 모른 채 생을 마감했다

누군가에게는 그럭저럭한 날이
누구에게는 짓눌려 신음하다가 생사를 가르는 날이 되고
누군가에게는 스쳐 지나는 우연한 발걸음이
누구에게는 하늘을 원망하고 원통해하는
운명의 필연적인 순간이 될 수도 있다

오늘 하루의 그럭저럭한 삶이
누구에게는 허망한 분노로 쌓이고
분노는 좌절보다 깊은 절망의 벽을 쌓는다
제목을 붙여 기념일로 삼을 일이 없는 하루더라도
잠 못 드는 풀벌레 소리
세상을 떠도는 바람 소리
상처를 싸매는 어둠의 한 자락이라도 귀를 기울이면
가치의 깃발은 세워지는 법이다

오늘 하루를 그럭저럭 살았다고 말하지 말라
그것은
오늘 하루 누군가의 삶의 향연을 덜어내는 일이다

가을 강

봄날, 강은
여린 햇살에도 부끄러워
잔물결을 일으켜 스스로 얼굴을 지웠다
수줍은 첫사랑 여인을 띄우기에도
그 깊이를 감당하지 못했다

그날, 강은
수다스런 중년의 소용돌이가 되어
잠시의 침묵도 허락하지 않았다
진중한 언어는 중심을 잃고
질주하는 폭우에 얹힌 채
부딪치며 표류하는 종이배를 품고 있었다

오늘, 강은
주름진 그림자를 품고
저녁노을에 자리를 내주고 침묵하고 있었다
품을 것은 속 깊숙이 품고
보낼 것은 미련 없이 흘려보내고
풍경화가 되어 말없이 서 있었다

허리를 굽혀 기억을 들여다보아도
두 손을 모아 귀를 기울여도
그저 물끄러미 바라보고 있었다

연꽃이 피기까지

수백 년 묵은 침묵의 씨앗
단단한 껍질 속에 갇혀
어둠을 삭이는 기다림을 배운다
때를 아는 지혜가
천 년의 잠을 깨우는 첫 균열을 알린다

진흙 속 깊이 뿌리내린 고독은
세상의 무게를 견디는 힘이다
수면을 향해 뻗어 오르는
어둠을 밀어내는 처절한 몸부림

깊이란 솟아오르기 위한
또 하나의 인고의 두께
밀어 올리는 힘은
존재가 견디는 침묵의 무게
들키지 않는 시간 속에서
번뇌를 깨뜨리는
죽비의 바람소리가 스친다

마침내
온몸을 휘감은 인고의 때를 씻고
욕망과 허세의 색동옷을 불사르고
묵음의 태고로 돌아가는 여정 속에서
새벽을 여는 햇살에
조심스레 꽃봉오리를 연다

진흙탕 속 기다림 속에서
무념의 속살로 밀어 올리는
순백의 미소

나는 아직 피지 않았다
가장 오래된 침묵을 열고
스스로 드러났을 뿐이다
어둠은 닫힌 것이 아니라
열림을 기다리는 문이다

다시 쓰는 민주주의

세포가 다시 깨어나고 있다
몸서리치는 전율의 탄식
뇌혈관을 터질 듯 압박하는 피의 역류

'비상계엄령 선포'
잊혀져 화석된 45년 전의 퇴적물이 외면 속에서 깨어나
살이 돋아 앙상한 뼛조각을 덮고
혈관이 형성되어 거짓의 피를 수혈한다

돌아보면
총구의 섬뜩함과 장갑차의 무게감에 짓이겨져
여기저기 찢어져 내리는 육체의 파편들과
쏟아지고 흩어져 내린 피가 스며들어
죽은 자는 든든한 어머니의 흙 가슴이 되고
산 자는 하늘을 날며 자유를 향유하는 새가 되었건만
어둠을 몰고 오는 낯선 사내가
잠든 민중의 피를 깨운다

찢겨나간 살갗과 붉은 피가 거름이 되어
오천 년 눈물로 쌓아 올린 기름진 이 땅에
경제 꽃, 문화 꽃이 만발하는데
아직도 못 다 채운 살과 피가 있더냐

죽은 자의 기름진 육체에 뿌리를 내리고
피로만 써지고
피를 먹고 성장하는
아, 민주주의여 만만세

엄마별 아들별

여름날 저녁
앞마당에 멍석을 펼치면
세상에서 가장 넓고 포근한 침대
밤하늘 곱게 빛나는 별 둘
이것은 엄마별
저것은 아들별

풀벌레 소리 너머
시간을 지우는 어둠이 내리고
영원할 줄 알았던 이야기들

세월이 흘러
어머니는 엄마별로 돌아가 내려다 보고
별을 잃은 나는 엄마별을 올려다 본다

낡아 삭은 멍석은 온기를 잃고
홀로 서성이는 텅 빈 마당에
색바랜 옛이야기를 더듬으며
별빛이 내린다

엄마별은 그날처럼 크고 밝은데
잊고 살아온 아들별은
세월에 닳아 빛을 잃은 그림자

제목 : 엄마별 아들별
시낭송 : 박영애
스마트폰으로 QR 코드를 스캔하면
시낭송을 감상할 수 있습니다

새날

밤은 길고 뿌리는 깊었다
역사의 강은 다시 얼어붙고
얼어붙은 역사의 강 위로 짐승들이 걸었다
침묵이 강요된 계절마다
이 땅의 백성들은 피로 물든 외침을 지폈다
그 핏빛 외침은 불씨를 지펴
얼어붙은 강물을 녹여
불의의 둑을 무너뜨리고
강물은 다시 길을 열었다

이 땅에서 살다 간 이는 안다
역사의 전환은
언제나 핏덩어리 위에 세워졌다는 것을
그 피가 거름이 되어
새날을 열었다는 것을

역사의 강줄기마다 굽이굽이 엮인
이름 없는 이들의 항쟁들
3·1의 함성, 4·19의 외침, 5월의 피
그리고 촛불과 오색등으로 이어진 길목마다
꿈은 피어났다 쓰러지고
다시 일어났다

이 땅의 백성은 역사를 배우지 않는다
늘 혁명의 현장에서 피로 역사를 만든다
오늘은 내가 그 자리에 서 있었다

선조가 들었던 죽창 대신에
낫과 화살, 총칼 대신에
섬뜩한 의지로 높이 든 한 장의 주권으로
굴곡의 어둠을 걷어내고
새날의 오색등을 높이 달았다

광화문에서 들어 올린 외침이
피로 기름진 이 땅의 팔도를 깨워
흰옷의 저고리에 핏빛으로 눌러 찍은 인장이
새날을 열었다

역사는 기록이 아니다
이 땅에 인연 맺은 이들의 피의 계보이며
숨 쉬는 정의의 언어이며
우리들의 또 다른 이름이다

사랑 하나면 충분하리

내가 네가 되고
네가 내가 되는
사랑 하나면 충분하리

사랑은
나를 낮추고 너를 높이는 삶의
또 다른 이름이다

겸손이 네 머리보다 낮아질 때
사랑은 시작되고
섬김이 네 허리보다 낮아질 때
사랑은 익어가고
더 낮출 수 없어 서로가 서로의 발등에 머물 때
사랑은 완성되리

내가 작아질수록
마주보는 이의 눈빛은 선해지고
나를 버릴수록 믿음은 깊어지리
스스로 낮아짐은
서로가 높아져 존귀함으로 가는 머릿돌이리

사랑하는 사람아
마음에 응어리져 화석된 부모의 모습을 보아라
내가 너보다 높아지고자 할 때 다툼이 시작되고
서로가 낮아질수록 끊이지 않던 웃음이 아니더냐

서로의 가슴에 거울을 걸고
겸손으로 언어의 키를 낮추고
섬김으로 행동의 키를 높이자

그리하여
내가 네가 되고, 네가 내가 되는
사랑 하나면 충분하리

제목 : 사랑 하나면 충분하리
시낭송 : 박영애
스마트폰으로 QR 코드를 스캔하면
시낭송을 감상할 수 있습니다

지게

박물관 전시실 안
오래된 나무 등뼈 하나
침묵의 무게로 서 있다
먼지 앉은 어깨 위로
아버지가 지셨던 무게가 얹혀 있다

좁은 논두렁 위 비틀거리던 그림자
아버지가 지고 걷던 가난과 허기
말없이 삼킨 시대의 부피
그 옆에서 나는
짧은 다리로 튕겨보다 금세 주저앉던
어린 방아깨비였다

이제 나무 지게는 박물관에 갇히고
아버지는 기억 속으로 걸어갔지만
숨죽인 지게가
문득, 아버지의 어깨로 살아난다

오늘, 나는 또 다른 지게를 진다
'현재'라는 이름의 투명한 짐
손에 잡히지 않는 속도와 방향의 무게감
디지털의 논두렁 위에서
나는 여전히 비틀거린다

이제
나도 그 무게를 안다
지게에 얹힌 이름은 달라도
시대는 달라도
등에 얹힌 삶의 부피는
결국 같은 비틀거림이었다는 것을

그늘진 어깨 위로 놓인
말 없는 지게의 등뼈가
오랜 사색처럼 깊다

엄마 찾아가는 길

엄마 찾아가는 길에
난쟁이 꽃들이 지천이다
꽃길 밟고 오라고
당신이 밤마다 가꾸신 꽃길

엄마 찾아가는 길에
물렁감이 지천이다
살아생전 배고프지 말라고
당신이 밤마다 품어 익혀 놓은 물렁감

흰옷 입은 엄마가 기다리는
산등성이 하얀 초가집

제목 : 엄마 찾아가는 길
시낭송 : 박영애
스마트폰으로 QR 코드를 스캔하면
시낭송을 감상할 수 있습니다

엄마꽃

제목 : 엄마꽃
시낭송 : 박영애
스마트폰으로 QR 코드를 스캔하면
시낭송을 감상할 수 있습니다

당신은
높은 담장 아래에 허리 숙인
키 낮은 들풀이려니 여겼습니다

그저 바람에 날린 허튼 씨앗 하나가
자갈 많은 낮은 터에 집을 삼은
태생부터 무너져 내린
난쟁이 들풀이려니 했습니다

빗줄기 한번 시원히 뿌리에 닿지 못하고
고운 햇살 한번 흠뻑 내리지 않아도
그러려니 움츠리는 모습에
저마다 타고 난다는 운명 가운데
당신은 쪽박 숙명인 줄 알았습니다

늘 낮은 곳에서
보일 듯 말 듯 하던 당신이
그나마 지상에서 모습을 감추고
더 깊고 낮은 곳에 숨어든 후에야
비로소 당신이
세상에서 제일 크고 아름다운
키다리꽃인 줄 알았습니다

엄마에게 자식꽃은
가장 먼저 피어나
가장 늦게 지는 꽃이고
자식에게 엄마꽃은
가장 늦게 피어나서
가장 먼저 지는 꽃인 줄을 몰랐습니다

어머니와 베틀

밤마다 어머니는
가난을 풀어 베틀에 걸었다

투박한 가난의 씨줄 날줄 사이로
철컥, 철컥
베틀에 갇힌 채
꺼칠한 삼베 결 드리우던 삶의 무늬

숨 막히는 가난을 한 올 한 올 걷어 올려
어머니가 짜낸 한 폭의 시(詩)

어둠을 깨우는 베틀 소리를 따라
삼베 수의 곱게 입은 어머니는 떠나고
베틀 북소리에 실려 밤새 오가던
어머니의 고된 숨결은
5남 1녀의 살결을 덮는
간절한 소망의 직조(織造)였다

베틀은 멈추었으나
어머니의 손끝은 아직도
내 언어의 결을 따라 분주하다

봄비

멀리서 신발 끄는 소리가 들린다

마음 상해서 뒤척이는 처연한 밤에
창가에서 어머니의 긴 손가락이 쓰다듬는다
봄비로 오신다

모습을 잊을만한 늙은 아이가 되었건만
늘 같은 모습으로
친숙한 젖내음으로
찾아오신다

그리움에 문을 열고 따라나서면
불러도 눈길 한번 주지 않고
허겁지겁 뿌연 안개를 뿌리며 달음질친다

세찬 봄비가 되어
그리움을 지우신다

만남의 봄

누이야
예순여섯 해 돌무덤에 묻혀 햇살이 그리워
땅 풀리는 온기에 제비꽃으로 고개를 들던
한 살짜리 내 누이야

네게는 그리움의 긴 세월 끈 매듭
내게는 찰나의 세월 끈

어머니를 땅에 묻고
아버지를 그 옆에 묻고

네게는 찰나의 세월 끈
내게는 그리움의 긴 세월 끈 매듭

이제는
땅이 풀려도 누이는 피어날 줄 모르고
나는 세상 한구석에서 돌더미에 갇힌다

누이야
새 봄날엔 어미꽃 아비꽃 등에 업혀
한 번도 마주 못한 얼굴을 익히자

어미꽃 아비꽃 제비꽃이 어울려 피어나면
돌더미에 눌린 예순세 살의 내가 일어나고

햇살 고운 봄날에
세월에 묶였던 엇갈림의 사슬을 끊어내고
이승과 저승 삶의 외면을 끊어내고

이 봄엔
서로 벙어리 된 너와 내가
세월이 돌려줄 하나 됨을 꿈꾸며
누이는 향긋한 꽃내음으로 지상의 텅 빈 들녘을 채우고
나는 메마른 가슴마다 따뜻한 인정으로 불을 붙이자

불효의 꽃

카네이션꽃들이 무더기로 화단에 모여
시도 때도 없이 눈물꽃을 피워냅니다

일 년 내내 부모님의 가슴에서
피어나야 할 꽃들이
화단의 흙살 속에서나 만나게 되니
참으로 어울리지 않는 반가움입니다

부모님 살아생전에
멀리 떨어져 산다는 이유로
해마다 부모님 가슴을 허전하게 만들었던
불효의 꽃

그 불효의 꽃이
해마다 더 넓게 번져나가
마침내
감당하지 못할 꽃송이를 달고
불효의 사연 사연을
남김없이 피워냅니다

간극

언제 어디서부터 어긋났을까

꼭지 다른 생각이 불쑥 스쳐 지난 후에
억지스럽게 칭칭 동여맨 장막을 뚫고
세상에서 가장 작은 소리로 내뱉어진 말 싹이
한번 어긋난 각도를 좁히지 못하고
여름날 장맛비에 뒤꼍에 잡초가 되어
내 키보다 훌쩍 커진 탓에
소경이 되어 손을 쓸 여력이 없다

한날한시에 같은 주물에서 빚어지지 않은 탓에
처음에는 남이라고 불렸고
남과 남이 만나 하나가 되었다

콩깍지가 씌워져 눈흘김도 예뻐 보이고
하는 일마다 사랑스러워
밤낮으로 눈에 넣고 살던 날도 있었다

살다가 보면 서로 닮아간다는데
겉모습은 고개를 끄덕일 만큼 익숙해졌는데
입만 열면 다른 행성에서 온 침입자다

벗어던진 콩깍지는 흔적도 없고
이미 다른 이가 주워 쓰고 아양질하니
어이할 거나 어이할거나

땅에 내린 하늘

삼을 갈라 숨을 얻어 내리던 날에
어머니 젖가슴의 포근함에 매여 잊어버린 옛집

맨살에 늘어가는 거적때기가 서럽던 엉세판에
잊고 살았던 하늘을 바라보았다
탓하며 울부짖다가 눈물에 어리는 무지개에 취해서
서둘러 움켜쥐려 발버둥 치던 건밤들

헐렁한 주머니의 두둑함을 꿈꾸며
들쭉날쭉한 누리의 모서리에 생채기가 더할수록
어둠을 헤집는 빛나는 별 너머 어디쯤 있으리라 여기면서도
막상 파란 하늘을 바라볼 힘을 잃었다

어느덧
구름 같은 한뉘에 떠밀려 보리누름이 되어
달음질쳐서 멀어지는 익숙한 것들을 마음에 묻으며
허우룩함에 길든 눈언저리를 씻어내며
굳은 허리를 펴고 바라본 텅 빈 옛집

하늘은
잊었던 흰옷 입은 낯익은 얼굴들을 가슴에 품고
들킴 없이 내려와 내 곁에 머물고 있었다
때 묻은 옷 하나둘 벗어던지고 다시 맨살로 돌아가는
나를 바라보며 빙그레 웃는다

삶은 보이는 하늘을 따라 오르는 것이 아니라
내리는 하늘에 안기는 것이라고

* 삼 가르다 : 아이를 낳은 뒤에 탯줄을 끊다.
* 엉세판 : 매우 가난하고 궁한 형세
* 건밤 : 잠을 자지 않고 뜬눈으로 새우는 밤
* 누리 : 세상
* 한뉘 : 살아 있는 동안
* 보리누름 : 보리가 누렇게 익는 철
* 허우룩 : 마음이 텅 빈 것같이 허전하고 서운하다.

제목 : 땅에 내리는 하늘
시낭송 : 장화순
스마트폰으로 QR 코드를 스캔하면
시낭송을 감상할 수 있습니다

할미꽃 사연

깊은 산골 속 세월의 고갯길에
등 굽은 할미는
애지중지 두 손녀를
가슴에 품어 별처럼 길렀건만
얼굴 고운 큰 손녀는
부잣집에 몸을 실은 뒤
가슴엔 얼음꽃이 피었네
남겨진 늙은 가지에
찬바람만 휘몰아쳤네

할미꽃이여 할미꽃이여
부끄러워 고개 숙인 슬픔의 꽃이여
못다 준 사랑 죄가 되어
걸음걸음 눈물자국 맺히니
그리움은 쌓이고 쌓이어
바람에 백발을 흩날리며
양지바른 무덤가에서
애달픈 사연으로 피어나네

가슴에 별 품은 못난 손녀는
먼 산 넘어 가난에 살았네
마지막 온기 찾아 나선 길
주름진 얼굴에 눈물이 흐르네
돌 많은 산길을 굽이굽이 넘어
지친 발걸음 굶주리고 서러워
양지바른 언덕에 몸을 뉘었네

서러운 세월이여 한 맺힌 넋이여
살아서도 죽어서도 못 잊을 내 핏덩어리를
굽은 등 너머로 내려다 본다
고운 옷 입은 맏이도
누더기 입은 둘째도
모두가 내 죄인 듯하여
부끄러움에 고개를 숙인다

앞산

출입문을 열고 나서면
꼼지락거리는 정원 너머로
나이 든 소나무 몇 그루가 서성입니다
계절마다 베이는 잔등성이 잡목들을 꾹 누르고
물끄러미 우리 집 앞마당을 내려다봅니다

지적도에는 임야로 등재되었지만
낮은 구릉에 시원하게 뿌리를 돌릴 수 없는 비좁은 땅이라서
수 대를 살아온 마을 사람들에게도
개똥이네 앞산, 택시 운전사 앞산으로 불리다가
지금은 식물원집 앞산으로 불리는
그 흔한 번듯한 이름 하나도 품어내지 못한 공간입니다

눈을 들어 노송의 머리를 넘으면
우뚝한 인의산이 눈썹 밑에 달라붙는 곳입니다

오늘 아침에 인의산에 올라서 우리 집을 바라보니
구릉지를 타고 넘는 올망졸망한 능선이
앞산에서 멈춰 섰습니다

인의산으로 오르는 잘록한 구릉지를
발목쯤에서 잘라내어 도로를 만들고
도로변 양쪽을 다듬어 밭을 일군 흔적이
그 사이사이 몇 채의 집들이
하늘 아래로 출렁이는 태고의 산자락 가장자리에 펼쳐집니다

인간에게 잘려져 인의산 초입이라는 숭고한 이름을 빼앗긴 채
대신 얻은 무명으로 살아온 세월을 뒤덮기라도 하려는 듯
모처럼 우람한 노송의 가지들이 한껏 고개를 쳐들고 아우성
입니다

자연은 높은 곳에서 바라보아야 가장자리가 더욱 뚜렷한데
사람살이는 높은 곳에만 오르면
낮은 가장자리가 희미하게 지워지는 줄을 모르겠습니다

동백1

꾸미지 않아도
부족함 없이
언제나 변함없는 모습으로

마침내
시리도록 서러운 한이
수줍게 가슴을 헤쳐
뚝뚝
핏빛의 인내를
사랑으로 쏟아낸다

내 어머니를
꼭 닮은
너

솔빛식물원에서

햇살이 스며드는 무늬동백 숨결에
알록달록 빛깔로 물든 식물원의 아침
아침 햇살이 네 뺨을 흔들면
또 하루의 설레임이 시작된다

붓털처럼 부드러운 네 색깔의 비밀
잎사귀마다 펼쳐지는 오묘한 그림은 자연의 팔레트
손끝으로 전해지는 생명의 파동들
기적이란 깊은 심연을 끌어올리는 속살 무늬려니

신비로운 색감들이 넘실대는 빛의 향연
무늬식물이 속삭이는 색의 멜로디
아침을 퍼 나르는 요정들이 세상을 연다

자신만의 목소리로
자신만의 색감으로 물들여 그리움을 낳고
그리움은 속살 고운 색감의 사랑을 키운다

끊임없이 이어지는 옴니버스 이야기에
밤잠 설치다가 일어나 전원을 켜고
솔빛식물원에서 아침을 맞는다

일로장터에서

기적소리 잠든 녹슨 철로길 너머
주름으로 세월을 엮은 노파가
텅 빈 장바닥에서 무안뻘낙지와 유영한다

풀어헤친 적삼 속
구릿빛 무뎌진 젖가슴을 타고 내리는 땀방울에
희미해진 기억들이 흑백사진으로 엮인다

그랬다
엿장수의 가위 치는 넉살에
올망졸망 모여 앉은 아이들의 입술에선
달착지근한 갈망들이 연신 흘러내린다
각설이패 한바탕 휘몰고 간 골목에선
비릿한 생선들이 놀란 눈을 치켜뜬다
일로들녘 인심으로 쌓아올린 됫박에서는
때깔 고운 곡식들이 아우성치다가
까만 비닐봉지 속을 분주하게 오간다
우시장에서는 어린송아지가 그리움을 떨쳐내며
막걸리에 흥취한 새주인을 따라나선다

북적대는 추억을 지루한 한숨이 몰아낼 쯤에
느릿한 석양노을은 오룡산으로 숨어들고
노파의 힘겨운 봇짐은 뒤뚱거리는 발등에 채이며
장단 잃은 장타령과 함께 지워져 간다

제목 : 일로장터에서
시낭송 : 박남숙
스마트폰으로 QR 코드를 스캔하면
시낭송을 감상할 수 있습니다

회산백련지 사랑

회산백련지, 연꽃이 피던 여름날
하얀 꽃잎처럼 순수했던 우리의 사랑
영산강 물결은 고요히 흐르고
그대 눈빛에 담긴 그 약속을 믿었지

연꽃이 피던 그날, 우리의 사랑은
여름 햇살처럼 뜨겁고 눈 부셨네
하지만 눈 내리던 날, 그대의 뒷모습
흩날리는 눈 속에 내 사랑이 묻히네

인의산 저 멀리, 바람 속에 섞여
우리의 이야기는 옛날처럼 남았지
품바의 노래가 들려오던 그 길에서
그대 손길을 놓친 그 사연이 아프다

연꽃이 피어날 때면, 그대를 다시 만날까
흩날리는 눈 속에서 그대가 그리워
연꽃이 다시 피면, 사랑도 다시 피어
떠나간 그대를 다시 만날 수 있을까
눈 덮인 회산백련지 벤치에 홀로 앉아
연꽃에 햇살 가득 내릴 날을 기다리네

일로의 가을

참으로 고맙다
사방을 둘러보아도
내 손끝 하나 더한 흔적이 없는데
세상이 야물게 잘 여물었다

너른 도장포 들녘에
구릿빛 해맑은 미소가 넘실거린다
햇살이 익혀놓은 농부의 한 해가
더 바랄 것 없이 겸손하다

인의산을 오르는 산 중턱에는
나를 닮은 가을이 있다
산길 지나던 누군가가 먹고 던진 감 씨 하나가
용케도 자연의 은혜를 입고 자라서
굵은 대봉감과는 견줄 수 없어도
산길 오르는 이의 허기진 배를 노략질하는
산감으로 익었다

억지스럽게 요란하게 꾸미지 않고
제 빛깔로 영글어 가는 일로의 가을이
둘러보아도 올려보아도
참으로 곱다

제목 : 일로의 가을
시낭송 : 장화순
스마트폰으로 QR 코드를 스캔하면
시낭송을 감상할 수 있습니다

일로장터

'작년에 왔던 각설이가 죽지도 않고 또 왔소.'

일로장터 좁다란 골목마다 각설이패가
상인들의 굶주린 갈증을 흥으로 채우며
깡통소리를 요란하게 쏟아낸다

낙지 한 코, 생선 몇 마리에
하루를 눌러 앉힌 주름진 노파도
풋거리 몇 줌, 곡식 몇 됫박에
닷새의 목숨을 맡긴 중년네도
튀김, 뻥튀기, 곱창 냄새 진동하는
간이천막 속 벌겋게 달아오른 누님들도
각설이패와 어울려 덩실덩실 춤을 춘다

한파주의보가 내린 텅 빈 일로장터에서
상인들은 각설이패의 굶주림을 채우느라
각설이패는 상인들의 멍든 가슴을 닦아내느라
모두가 거지되어 서로를 비워내느라 정신이 없다

거지떼로 가득 찬 일로장터에
첫눈이 내렸다

제목 : 일로장터
시낭송 : 박영애
스마트폰으로 QR 코드를 스캔하면
시낭송을 감상할 수 있습니다

청호나루 상사바위

서해 바다 만선의 꿈
기다리는 추총각은 오지 않고
월출산 높이 뜬 달빛만 곱다
님이시여 님이시여

혼자서는 살 수 없소
하늘이시여 나도 데려가오
살아서는 이별이요
죽어서 천년 사랑으로 남으려오

청호나루 흐르는 강물은
달빛에 실려 가는 구름은
황낭자의 일편단심 기억하네
님이시여 님이시여

살아서는 이별이요
죽어서는 님과 함께 상사바위가 되려오
하늘이시여 하늘이시여

사랑은 비워내야 채워지고
사랑은 아파해야 남는다네
사랑이여 사랑이여

여보시오 가슴앓이 연인들아
서로가 길 잃은 바람의 등대가 되어
영원한 천년사랑 이루소서
님이시여 하늘이시여 사랑이여

일로역에서

기적 소리 흩어지는 저녁 하늘에
당신 얼굴 그려보다 눈물이 흐르네요
한 칸 한 칸 멀어지는 열차처럼
사랑도 그렇게 떠나갔네요

일로역에서 난 아직 서 있어요
떠나간 사랑을 놓지 못해서
당신은 가고, 텅 빈 그 자리에
시간마저도 발길을 멈춘 곳
기다림 속에 나를 묻었습니다

표 한 장엔 담지 못한 지난날들
사랑은 긴 그림자만 남기고
빗물 젖은 플랫폼의 끝자락엔
잡지 못한 손길만 남아 있네요

일로역 텅 빈 대합실에 홀로 남아
색 바랜 그대 모습 떠올리면
그대의 그림자는 바람 속에 흩날리고
계절은 창밖에 멈춘 풍경이 되어
그날의 시간 안에 나를 가둡니다

한 길로만 가자던 약속, 그 길목에
왜 이별은 먼저 도달했나요

일로역 플랫폼 끝에서 오늘도 기다립니다
그대 이름 실은 열차를 기다리며
무너진 인연이 다시 선로를 되돌릴까
끝없는 기다림에 나를 실어 보냅니다

비 내리는 일로역

비 내리는 일로역, 그대 떠난 이곳
마지막 인사, 그 모습이 선명해
그대 없인 아무것도 할 수 없어서
오늘도 그대만 기다려, 기다려
그때 우리 함께 걸었던 그 길
사랑을 속삭였던 그 따스한 순간
비 내리는 이 길 위에서
그대와 다시 만날 수 있기를

어디서 무엇을 하고 있을까
그대의 얼굴, 그 미소가 그리워
시간이 지나도 내 마음 속엔
여전히 그대가 살고 있어요
떠난 그대, 내게 남긴 그 사랑
비 내리는 길 위에선 더욱 그리워
언젠가 다시 돌아올 그대여
내 사랑을 전할 수 있기를

비 내리는 일로역, 그대여 돌아와
내 맘 속에만 그대가 살아
비 내리는 일로역, 기다림의 끝에
다시 만날 그날을 믿어요

일로 부르스

비 오는 일로중앙로 가로등 불빛 아래서
남기고 간 사랑의 파편을 속절없이 바라봅니다
골목골목 빗물을 헤치는 당신의 희미한 목소리
인적 끊긴 일로장터에서 깨어나는 사랑의 추억
각설이타령에 울고 웃던 지난날의 저린 사연
스쳐 지나는 기적소리만큼 아련한 당신입니다

인의산 벤치에 앉아 영산강 내려보며
가슴 아픈 전설에 손가락 걸던 날 생각합니다
애 저리는 사연은 영산강 달빛에 고이 묻고
영화농장 넓은 들녘 사랑으로 채우자던 맹세
식어진 냉가슴 부여잡고 애타는 몸부림에
청호나루터 처연한 달빛은 추억만 싣고갑니다

사랑이 식어지면 이별로 남고
세월은 흘러가면 무엇으로 남나요
사랑도 이별도 세월도 나 홀로 짊어지고
비 오는 일로중앙로 가로등 아래 서성입니다

* 애 저리다 : 애가 저리다

회산백련지에서

썩은 물이라도 좋다
내 한 몸 가눌 곳만 있다면
기꺼이 뿌리 박고
넉넉한 마음으로 피어 올릴 수 있다

오랜 세월 깊숙이 땅속에 갇혀
썩은 물로 눈을 가리고
몸뚱아리 짓이겨도
마침내 뚫고 솟아 일어나
찬란한 희망의 꽃을 피워내는
이 땅의 숭고한 얼굴들을 보아라

놓인 곳이 썩었다고 포기하지 않고
숨통 지워오는 답답함에 무너지지 않고
썩은 흙을 일궈 새로운 옥토로
절망의 물을 들여마셔 생수로 정화하는
이 땅의 그만그만한 백성들의 얼굴을 보아라

해마다 죽은 듯 절망감 짙은 이 땅에
모진 겨울과 싸워 마침내 이겨내고
갇혀 있어도 하늘을 향해 머리를 쳐들고
세찬 비바람에도 뽑혀 날리지 않는
그리하여 끝내는 승리를 선언하는
인고의 관성을 보아라

품바를 꿈꾸며

세상은 갈수록 각박해진다는데
저마다 머리에 무거운 돌덩어리 하나씩 매달고
가슴에는 식욕과 탐욕이 터질 듯 팽창하는데
우리네 장터에는 품바가 부재중이다

서슬이 퍼런 총칼이 난무하던 난장판에서
초목근피로 연명하던 사막의 황무지에서
시원한 소낙비가 되어 천지에 번개를 내지르고
눈물 콧물 짜내어 헛배를 채워주던
숯검정으로 얼굴을 지우고
찌그러진 깡통으로 세상을 호령하던 울림이
우리네 장터에서는 사라진 지가 오래다

축제장 한편에서는
거짓 옷 지어 입고
끈적한 음담패설로 소음을 실어 나르는 거짓 떼들이
목말라 갈급하는 백성들의 주머니를 노략질한다

어설프고 부족한 듯 익숙한 순댕이 얼굴로
제비처럼 청량한 목청으로 아침을 여는
불현듯 나타나 세상을 후벼 줄
품바를 꿈꾼다

여보게, 이 옷을 입고 가시게나

여보게, 이 옷을 입고 가시게나
금빛 도포, 자개장 속 유산들
세상에 남겨둔 채 떠나려니
손끝에 쥔 건 바람뿐이네

눈 한번 감으면 자네와 나
한 줌의 흙으로 섞일 터인데
자네는 무엇을 안고 가려나
무거운 짐 내려놓고 가시게나

마지막 가는 길은
세상 무게 벗어던져야
훨훨 들판을 건너
훨훨 구름에 실려
가뿐하게 가는 길

부귀영화 목에 걸고 신음하다가
이젠 하늘행 막차를 타는구려
저승의 문 앞에서 울어본들
돌아갈 길은 없지 않은가

자네가 남긴 그 높은 담장도
이제는 허공에 흩어지리니
욕심도, 한도, 미련도 없이
한 잎의 바람 되어 가시게나

여보게, 마지막 가는 길엔
각설이 거지옷 입고
품바타령에 실려 가시게나
한 세상 지우고 가시게나

하하허허, 어차피 빈손
하하허허, 어차피 한 줌
자네도 나도 결국 같은 길
그저 가볍게 가시게나

신품바시대

찌그러진 깡통을 옆구리에 질끈 동여매고
고단한 등짐을 벗어던진 뭉그러진 어깨 위로
가뿐한 하루가 나비가 되어 나른다

애써 참고 살아온 응어리진 한을 풀어헤치면
각설이타령 몇 곡조쯤이야
장맛비에 좁은 고랑 흙탕물 흐르듯 주체할 수 없다

번쩍번쩍하게 살겠다던 발버둥은 무너져 내리고
고광대실 나라님도 외면하고 떠난 땅에
팔도강산이 흥 취한 깡통소리로 쩌렁쩌렁 울린다

막춤이면 어떻고 병신춤이면 어쩌랴
이놈이 그놈이고 그놈이 저놈이다

서먹한 동냥질도 숯검정이 하나 쓰윽 스치면
지난 세월 잊히고 새 시대가 열린다
각설이패가 가득찬 신품바시대가 문을 연다

어얼 씨구씨구 들어간다
저절 씨구씨구 들어간다

각설이가 되다

누더기옷을 한번 입고 난 후로
새 안구를 얻었다

살아온 세월만큼 무거운 옷을 훨훨 벗어던지고
관습과 허세의 굴레에서 벗어나
가장 낮은 자의 피로 수혈을 한다

장터에 울리는 장단에 맞춰 몸을 흔들면
짓눌려 고인 지식이 장바닥에 흩어지고
명예도 자존심도 검정고무신 아래 먼지로 내리고
세상은 깃털처럼 가벼워진다

신명 나는 각설이타령에
나도 녹아내리고
세상도 녹아내린다

각설이 인생

장터를 떠돌아도 나는 웃는다
비바람 몰아쳐도 꿋꿋이 간다
서러운 세상사, 한탄해 뭐하나
흥겨운 장단에 맞춰 가는 길

둥그런 달빛 아래 걸음을 놓고
지나온 세월만큼 주름이 진다
고운 님 못 만나도 후회는 없어
인생이란 결국엔 혼자서 가는 길

에헤라 디야~ 내 인생은 각설이
웃고 또 울어도 다 지나간다
바람 따라 구름 따라
정처 없는 이 길도 내 삶이로다

흥 한 잔 기울이면 시름이 가고
흥 한 잔 들이켜면 인생도 간다
오늘도 발길 닿는 그 어디라도
내 인생 무대라네, 각설이 인생길

각설이 사랑

오늘도 각설이 장터를 떠도네
품바타령에 세상사 실어 나르며
장터 한구석에서 얼굴을 지우고
당신을 사랑하고 또 이별하네

처음 만난 당신과 나 정들면 백년지기
함께 웃고 함께 울며
가슴 맺힌 인생사 풀어헤치고
짧은 인연 사랑하고 남남 되어 돌아간다

낡은 고무신 손에 든 찌그러진 깡통
그 속에 꿈과 사랑을 담아
웃음과 눈물 어깨춤에 짙어지고
저무는 장터에 정 남기고 떠나가네

사랑은 장터에서 피고 지고
이별은 또 다른 시작이란다
인생은 만남과 이별의 회전목마
품바타령 몇 곡조에 사랑도 돌고 이별도 돈다

장터를 떠도는 각설이 사랑도 떠돌이
가는 곳 어딘지 몰라도
바람 따라 길 따라 흘러가는 각설이
에헤라 디야~ 구름 같은 인생길

겨울 햇살

겨울 햇살이 고와서 인의산에 오른다
들녘은 추억처럼 멀어지고
하늘은 그만큼 걸어서 내려온다

황사가 지나간 자리에
언어들이 황홀한 옷을 입고 유희한다

까치발을 디디면
손끝에 닿을 듯
가슴에 내릴 듯
난무하는 언어의 새들이 유혹한다

겨울 햇살에 피어나는 언어의 꽃밭에서
한낮 내내 허우적거리다가
펼쳐 든 백지에 글자 하나 잡아넣지 못하고
겨울 햇살 짧은 머리채를 밟으며
함께 내린다

사고 불감증

오늘도
무너져 내린 육신의 파편 조각들을
입김 호호 불어
다시 푸른 창공의 날개에 싣는다

짓이겨진 쇠붙이에 눌려 신음하는
콘크리트를 걷어내고
살색 고운 몇 줌의 황토에
핏빛으로 영근 씨앗을 묻는다

오열을 거름 삼아 발아한 새싹은
난쟁이로 뒤껼으로 밀려 잊혔다가
거대한 콘크리트의 균열 속에서만
빼꼼 얼굴을 내민다

늘 보아 온 익숙한 표정으로
땅에서
바다에서
하늘에서
망각의 자녀들이 윤회한다

* 제주항공 무안공항 참사를 보면서

그해 여름
사랑의 온도
정기성 시집

2025년 10월 29일 초판 1쇄
2025년 10월 31일 발행
지 은 이 : 정기성
펴 낸 이 : 김락호
디자인 편집 : 이은희
기 획 : 시사랑음악사랑
연 락 처 : 1899-1341
홈페이지 주소 : www.poemmusic.net
E-Mail : poemarts@hanmail.net

정가 : 12,000원
ISBN : 979-11-6284-620-9

저작권자와 맺은 특약에 따라 검인은 생략합니다.
잘못된 책은 교환해 드립니다.